U0941171

OVERVIEW OF WORLD STEAM LOCOMOTIVES

世界蒸汽机车博览

中国铁道出版社
CHINA RAILWAY PUBLISHING HOUSE

图书在版编目(CIP)数据

世界蒸汽机车博览/王忠良著.—北京:中国铁道出版社,2009.1
ISBN 978-7-113-09602-1

Ⅰ.世… Ⅱ.王… Ⅲ.①蒸汽机车—世界—图集②钢笔画—作品集—中国—现代 Ⅳ.U261-64 J224

中国版本图书馆CIP数据核字(2009)第005257号

书　　名:世界蒸汽机车博览
作　　者:王忠良

责任编辑:熊安春　聂宏伟　**电话:**010-63583193　**电子信箱:**ys@tdpress.com
封面设计:黄　宁
责任校对:张玉华
责任印制:金洪泽　陆　宁

出版发行:中国铁道出版社(100054,北京市宣武区右安门西街8号)
网　　址:http://www.tdpress.com
印　　刷:北京盛通印刷股份有限公司
版　　次:2009年1月第1版　2009年1月第1次印刷
开　　本:880 mm×1 230 mm　1/16　印张:17.25　字数:400千
印　　数:1~3 000册
书　　号:ISBN 978-7-113-09602-1/U·2429
定　　价:80.00元(精)

以“中国画火车第一人”闻名的王忠良，1957 年生于北京，擅画钢笔画，尤其擅画火车。他用朴素直觉的绘画语言描绘着世界铁路机车的发展历程。透过他的画，我们可以感受到蒸汽机车从诞生到退出历史舞台的脉动，解读百年蒸汽机车承载的丰厚工业文化内涵。

画钢笔画是一个极其艰苦的创作过程，它不能大块涂色，更不能涂盖修改，只能运用细微的线条，以对比强烈紧凑的排列，形成黑、白、灰色调来刻画出火车的质感和神韵。其时间的耗费是惊人的，每笔的精细、准确和肯定性极强，一处失误将前功尽弃。他的每一幅钢笔火车画，线条的层层叠加达到十几层以上，常常几易其稿。他笔下的火车，气势磅礴，风格雄健。

在画火车的 30 多年中，王忠良的足迹遍及全国 7 万多公里铁道线，走过了许多人一生也走不完的路。凭着百折不挠的执着和顽强的毅力，已经系统地完成了蒸汽机车、内燃机车、电力机车、高速动车组的创作，涵盖了从 1804 年至今世界范围内的大部分火车。

王忠良的作品有《中国蒸汽机车邮票》、《中国名人机车邮票》、《蒸汽机车的回忆》系列铜版画等，其作品被韶山“毛泽东纪念馆”、天津“周恩来邓颖超纪念馆”、北京国家铁道博物馆等收藏，并多次被中央电视台、北京电视台、澳门电视台、广东电视台等多家电视台专题报道，《人民日报》、《人民铁道报》、《人民画报》、《北京晚报》、《铁道知识》都曾连载或刊登其作品。“人民网”等知名网站亦有相关报道。其作品《中国的和谐、和谐的中国》、《曾经的辉煌》在第三届全国钢笔书画展中获铜奖和优秀奖。

他的作品深受大众欣赏，并被美国、英国、日本、德国等许多国家的收藏家及博物馆收藏。王忠良曾任《人民画报》、《中国红木古典家具》等报刊特邀编辑，现为中国铁路文艺《世纪火车》杂志编辑。

序

我和王忠良的认识是很偶然的，五年前的一天，有关部门把王忠良介绍给我，说他要给铁道部捐画。过去，由于工作关系，这类的事情我接触过，大多是送一些画册，还没有哪一个是直接把画送给铁道部的。此人是否过于自信？我是带着这样的心情和他见面的。

展开画稿，一幅幅火车头的钢笔画强烈地冲击着我的视觉。观其画作，线条流畅，讲究透视，比例到位，质感强烈。特别是用线条的粗细、长短表现火车头的整体感，犹如照片般的效果，仿佛一辆辆钢铁身躯有了生命。没有一定的绘画功底和娴熟的钢笔画技巧，是难以达到如此程度的。

这些火车头的画作，几乎囊括中国铁路一百三十多年来使用过的各种型号火车头，达二百多幅。而且每一幅机车，细到零部件都准确地画了出来，足见作者对机车的了解已经到了相当的程度。

钢笔画在当今美术作品中已不多见，这种画既费时费力，又没有多大用场，我只是在过去读过的外国文学作品中偶尔见到过这种插图。

我被感动了，和王忠良攀谈了起来。王忠良不是铁路人，但是个火车迷，谈起火车来如数家珍。他可以说出各种机车型号，是哪个国家、什么年代制造的，何时在中国使用，包括机车上所有零部件的名称和功能都能说出个一二三来。为了画火车，他自费跑遍了全国铁路各个机务段，找遍了能够找到的存放旧机车的库房，有时为了画某种型号的机车，他冒着刺骨的寒风在铁道旁等上几个小时。他跟我说解放鞋已经跑坏了60多双，钢笔用秃了400多支。为了画火车，几乎是倾其所有。他说，画火车得到了很多铁路人的帮助和支持，他经常被邀请登上火车头，和不少火车司机成了好朋友。

听着他的故事，我一次又一次被感动，对这样一个爱铁路、爱火车的画家，我应该为他做一点事，让他的画作为宣传铁路服务。以后，他的故事逐渐在媒体报道了出来，也引起了有关方面的重视，《人民铁道》报长时间连载他的画作，中央电视台《小崔说事》还邀请他作为嘉宾，让更多的观众知道了他。

现在，他的钢笔画无论是作为艺术作品还是珍贵的铁路历史资料，已经被很多人收藏，有的画作被制作成铁路站台票和纪念邮票，发挥着越来越多的作用。

铁路的发展仍然催动着王忠良手中的画笔，青藏铁路、中国铁路第六次大面积提速，新的高速动车组不断丰富着他的画册，他说，他要用自己的画册记述中国铁路的发展进程，用手中的画笔描绘铁路更加美好的明天。

和王忠良的认识不是偶然的，对铁路的热爱使我们相识、相知、相交，成为朋友，这是一条割不断的情缘。

赵奇克

2007 年 6 月 13 日

随着社会生产力的发展，到 18 世纪初，人们已不再满足于用马车运输了，急需一种比马车装得多、跑得快的新型动力车辆。1705 年英国工程师托马斯 · 纽卡门制造出一台用来在矿井中抽水的蒸汽机。这种蒸汽机虽然得到普遍的使用，但工作效率并不高。法国物理学家邓尼斯潘平 1710 年制造了一艘以蒸汽机驱动的船。1790 年英国人瓦特在对蒸汽机经过深入研究后，创造性地制造出蒸汽压缩器与汽缸分开的新型蒸汽机。瓦特的新型蒸汽机比以前的蒸汽机工作效率和速度都有所提高。这种能替代牛马的机器一经问世，便引起了人们的极大关注。

于是，有些人便产生将“大力士”蒸汽机装在车上，代替人力或者畜力来驱动车辆前进的想法。有趣的是，这种大胆的设想竟然首先在军事上得到实现。当时，欧洲各国的军队为了满足作战需要，纷纷采用口径和射程越来越大的大炮。由于大炮的重量不断增加，用人推马拉的办法很难保证大炮能及时跟随部队作战。法国一位名叫尼古拉的炮兵军官，研制成功用蒸汽机驱动的“蒸汽车”来牵引大炮。1763 年，法国陆军的技术军官古诺所在的兵工厂生产出一种炮身由生铁铸成的大炮，而这种大炮需几匹强壮的马才能拉动。古诺希望用蒸汽动力牵引大炮，随后向陆军部提出制造蒸汽动力机车的建议，并很快得到了法国陆军大臣前瓦兹尔公爵的支持，设法拨付 2 万英磅试制费用。经过 6 个多月的努力，1769 年，古诺在尼古拉蒸汽车的基础上制成他设想中用以牵引大炮的蒸汽动力车。

这辆蒸汽动力车车身用笨重的木制框架制成，前面支撑着一只大锅炉，后面是两个汽缸，锅炉产生的蒸汽送进汽缸，推动活塞上下运动，再通过曲拐将活塞的往复运动传给装在车框架下面的前轮，使其转动，从而带动车辆前进。古诺的这台蒸汽车即使是全速行驶也只能每小时跑 5 公里。这台在道路上行驶的蒸汽机车虽然力气很大，但因过于笨重，速度缓慢，实用价值甚微而无法得到人们的接受。但毕竟是以蒸汽机的动力替代了牛马，因而开创了以机器为动力的机动车辆蓬勃发展的道路，也为火车的诞生奠定了基础。

英国和德国先后出现了这种冒着黑烟、喘着粗气的车子。此后，各种样式的蒸汽车相继问世，蒸汽车已经脱离了马车的模样，呈现出近代机车的雏形。与大多数新事物出现时遭遇的情形一样，在当时马车占主要运输地位的欧洲各国，蒸汽车处处受到非难与排挤。英国各城市的邮政厅为了维护自身的利益，甚至大大小小的马车主也联合起来，共同对付新问世的蒸汽车，还要求政府对蒸汽车施以种种限制。

后来，英国政府也站在马车主一边反对使用蒸汽车，还规定了许多限制条件。例如，对蒸汽车下了这样的命令：蒸汽车行驶时，必须有人手持小红旗在车前 55 米处跑步前进，招呼行人避让；在有马匹活动的地方，禁止蒸汽车的锅炉放气；禁止蒸汽车鸣笛；在乡间道路的时速不得超过 6 公里，在城市不得超过 3 公里…… 这些荒唐的规定现在看来是多么可笑。

虽然经过改进，但它有着先天不足的弱点，例如又大又重的蒸汽机，要经常停下来添煤加水，操作很不方便，又大量排出浓烟和蒸汽，装运不了多少货物，还压坏了道路，所以人们逐渐对它失望了。

正当人们开始为蒸汽车的前途担心时，有人从 16 世纪中期在欧洲的矿山上用木头做轨道，以人力和畜力拉动的车子获得灵感，提出给蒸汽车铺上轨道，拖带几节车厢在轨道上行驶的设想。这样的蒸汽车改善了上述先天不足，而且还能发挥蒸汽机力量大的特长，车速更快了。

1804 年春天，世界上第一台蒸汽机车诞生了，从而开创了一个崭新的时代。伴随着铿锵有力的排汽声，喷云吐雾的蒸汽机车隆隆驶来，世界的距离因此而缩短。

世界上第一台真正行驶在轨道上的蒸汽机车是“新城堡号”蒸汽机车。由英国发明家理查德 · 特里维西克设计制造。1804 年 2 月 29 日，这台机车（自重 5 吨）首次在南威尔士的麦瑟尔提德维尔到阿巴台之间的轨道上作运行试验，车速达每小时 8 公里，可牵引 5 节车厢，装载 10 吨货物及 71 名乘客行驶了 16 公里。虽然它只能牵引十几吨重，比马车好不了多少。特里维西克的货运蒸汽机车取得了成功，但由于蒸汽机车及其牵引的货物过重致使生铁铸成的铁轨发生了断裂。矿山主人拒绝使用特里维西克的蒸汽机车，而决定继续以马拉货车来运送矿石。

此前，特里维西克曾于 1801 年制造出他的第一台能在普通道路上行驶的蒸汽动力车辆，并于 1802 年获得专利。

1803 年，特里维西克发明了第二台牵引力达 25 吨的蒸汽机车。但这台机车在一次表演中因驾驶失误，撞到砖墙而报废。

1804 年，特里维西克又发明了第三台蒸汽机车，有一次在伦敦供人乘坐游玩，也不幸翻车摔坏。特里维西克发明的蒸汽机车由于太笨重，不能和当时只供马拉车辆行驶的木制轨道相适应，而且屡次发生事故都未能作进一步改进，便半途而废，未能得到普遍使用。

1814 年 7 月英国 G · 斯蒂芬森造出世界上第一台真正实用的“半统靴号”蒸汽机车，自重 6.5 吨，可牵引 30 吨货物车辆，动轮直径 4 英尺（合 1 219 毫米），轨距 4 英尺 8.5 英寸（合 1 435 毫米），通过试车首次获得成功。这是世界上首台实用的在轨道上行驶的蒸汽机车。经过改进，随后，斯蒂芬森又设计制造出“旅行号”蒸汽机车，轨距仍是 4 英尺 8.5 英寸（即 1 435 毫米）。1825 年 9 月 27 日，世界第一条标准铁路——达林顿铁路正式通车，斯蒂芬森亲自驾驶一台被称为“运动 1 号”的蒸汽机车，以时速 24 公里、牵引着 32 节车厢，开出了世界上第一列旅客列车并驶完全程，开创了铁路运输的新纪元。斯蒂芬森设计的蒸汽机车创造性地为车轮制造出突起的轮缘，将车轮牢牢地限定在铁轨上，使火车安全地快速行驶。

这台“运动 1 号”蒸汽机车如今陈列在世界第一条铁路的起点站——达林顿车站的站台上。在那里，参观者不仅可以看到世界上第一列火车的机车和车厢，而且还可目睹一段最早的铁路：单薄的铁轨被固定在方块石头上，没有枕木，更没有今天这样用碎石铺成的路基。1828 年，斯蒂芬森及其儿子又共同制造出性能更好的“火箭号”蒸汽机车，并于 1829 年 10 月 6 日参加了利物浦和曼彻斯特铁路管理局组织的一次比赛。在参赛机车中只有“火箭号”机车牵引着 12 多吨的货车，以每小时 22.5 公里的平均速度，跑完了 112.6 公里的路程，不仅速度快，而且还是唯一没有发生故障顺利到达终点的机车。斯蒂芬森的“火箭号”蒸汽机车设计首次合理采用了多烟管结构，并采用废气引导、从烟囱排出、大大提高了机车的热效率，运行可靠，为后来蒸汽机车的制造和运用奠定了基础，其后蒸汽机车的基本设计大都与之相同。“火箭号”蒸汽机车现陈列于英国的大英博物馆，其复制品则由英国国家铁路博物馆展出。

此后，火车逐渐受到人们的重视，并在世界各国相继发展起来。从 19 世纪 30 年代起，世界各地纷纷开始铺设铁路，工业大革命时代随着蒸汽机车的诞生轰轰烈烈地开始了。蒸汽机车迎来了其长达 100 多年的黄金时代。

初期的蒸汽机车行驶速度较慢，马车一直盛行不衰，这种竞争进一步促使蒸汽机车的设计者进行着不懈的改进。早期的蒸汽机车，外形各异：有的像压路机，有的似四轮马车（如英国“运动 1 号”蒸汽机车），这些机车的运载能力都还不大，速度与马车不相上下。因其均以煤炭或木材做燃料，行驶时锅炉里火焰熊熊，浓烟冲天，便被人们习惯地称做“火车”。

作为工业大革命时代产物，蒸汽机车曾一度倍受工业发达国家的重视。它们纷纷修筑铁路，制造火车，蒸汽机车很快风靡全世界。19 世纪中叶，更是掀起筑路造车热潮，英、美、日、德等国除自己制造蒸汽机车外，还向世界各地宣传推销，承揽修路造车工程。火车的应用，带动了机车制造业的发展，世界最大的机车出口国是英国，各国公司纷纷从英国进口机车，但很快开始自行研制机车，法国、瑞士、德国都是英国以外第一批自己设计制造机车的国家。

蒸汽机车的发展

蒸汽机车问世至今已有 200 多年的历史。它的发展主要表现在两个方面：一是牵引力和功率的提高，表现为动轮轴数和辅助轴数的增加，锅炉和汽缸的加大；再者是热效率和机械效率的发展，表现为炉床面积和锅炉受热面积的增大，蒸汽压力和温度的提高，废热的利用，蒸汽机的改进，滚动轴承的采用等等。

形成时期（1804 — 1830 年）

1804 年英国人特里维西克制造的铁路蒸汽机车，锅炉蒸汽压力仅为 0.294 兆帕，锅炉顶部装有一个平放的汽缸。机车有两对动轮，由齿轮传动，轴式为 0 — 2 — 0。还装有一个大飞轮，藉助其旋转惯性动力，保持汽缸活塞的往复运动。机车重 4.5 吨，时速 8 英里（约合每小时 13 公里），能牵引 5 节车厢，货物 10 吨，搭乘旅客 70 名。

蒸汽机车的运用打消了人们对钢铁的车轮在铁轨上是否打滑的疑虑，并证实：蒸汽机车驱动轮可在光滑的铁轨上运行而不会空转；机车可以拖动比机车本身重得多的东西。在特里维西克蒸汽机车的基础上，更多蒸汽机车制造者开始研究如何利用有限的机车黏着重量牵引更多的车辆，时至今日这依旧是人们研究的课题。

1814 年 7 月英国 G· 斯蒂芬森造出他的第一辆“半统靴号”机车，被誉为首次成功的机车。G· 斯蒂芬森之子 R· 斯蒂芬森设计建造的“火箭”号蒸汽机车于 1829 年 10 月参加蒸汽机车比赛，以运行可靠、速度最快夺冠而受奖。

1829 年 4 月的一天，在利物浦—曼彻斯特的铁路线上，斯蒂芬森的“火箭号”机车牵引一列满载石子的车辆在载重量为机车重量 3 倍的情况下，在长 3 000 米的铁路上来回运行 20 次，标志着“火箭号”机车获得成功。

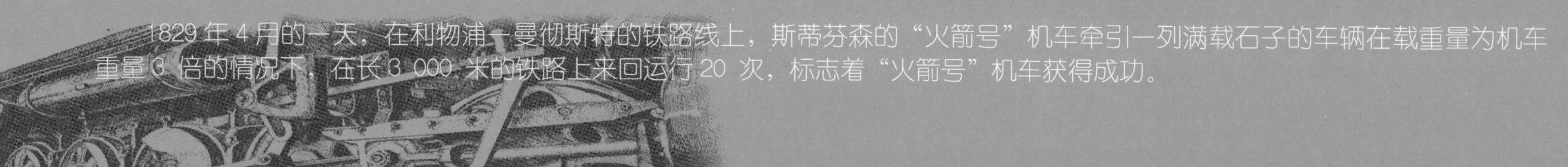

"火箭"号机车比赛时最高时速为 46.6 公里。"火箭"号机车采用卧式多烟管锅炉，传热面积大，生成蒸汽快，锅炉与火箱拼接在一起，锅炉蒸汽压力为（0.35 兆帕）；有两个与水平线成 35° 角斜装于锅炉两后侧的汽缸；有一对装于机车前部的动轮，动轮车轴左右各装一曲拐，互成直角，使机车动轮曲拐停在任何位置均能起动，轴列式为 0—1—1。乏汽从烟筒喷出，以诱导通风，促进燃烧。"火箭"号重 4 吨，能牵引装载重量 3 倍于机车自重的车厢。这是第一辆初具现代蒸汽机车基本构造特征的蒸汽机车。

1830 年 R · 斯蒂芬森制造出"行星"号新型蒸汽机车。"行星"号蒸汽机车首次将卧式锅炉的内外火箱和烟箱制成一整体，这种形式的锅炉后称为机车式锅炉。"行星"号机车的两个汽缸装于锅炉前端的烟箱下部车架内侧水平位置，称为内置汽缸式机车，只有一对动轮，装在后部，轴列式为 1—1—0。运行时上下颠簸减轻。蒸汽机车的基本构造形式除了少数这种内置汽缸式外，大多数广泛采用外置汽缸式。外置汽缸式已经成为蒸汽机车的标准型式，至今绝大多数蒸汽机车仍沿用这种外置汽缸设计。从此，人们对蒸汽火车头的使用不再产生丝毫怀疑。

1832 年，英国已经拥有了 24 条商用铁路，在新路线上运载客货的火车头，大多数都为斯蒂芬森工程公司所建造，而且主要是"火箭"型或"行星"型。火车头装有高压锅炉，内部有精巧的汽管结构网和一对卧式汽缸，这种构造成为后来蒸汽火车头的标准模式。这些坚固的蒸汽火车头可以牵引 12 辆载客或载货车厢，以每小时 33 公里的速度行驶。

1833 年英国开采的每一吨煤，在运往市场的途中总有一部分路程要依靠火车。到 1836 年，已有总长超过 724 公里的铁路将英国各主要工业地区连成一体。火车和铁路已经真正成为正处于工业革命中的英国的一条"经济动脉"。1855 年英国人设计制造的"童话女王"号蒸汽机车是世界上运行时间最长的蒸汽机车。

发展时期（1831 — 1920 年）

19 世纪初，美国人开始对火车发生兴趣。就在英国的利物浦—曼彻斯特铁路运行一年多的时间中，美国的机车厂已经仿制或自行设计建造了 6 辆新火车头。其中一辆名叫"戴维 · 克林顿"号的蒸汽机车，已有 7.35 千瓦的功率。这些早期火车还不很完备，跑起来时烟囱出来的火星像下雨一样落在旅客身上，运行时旅客们总是在车厢中忙作一团，互相用手去拍溅在大衣上的火星。尽管如此，美国人对火车仍然充满了好奇，它的速度、便捷和平稳大大超过了四轮马车。每当火车开动，小孩和成人都跑到火车站睁大眼睛观看。戴着鸭舌帽、穿着斜纹粗布服装的操纵火车节气阀的火车司机，在整整一个世纪中成为美国民众所热爱的火车的美好象征。当时人们在对表时，都以铁路时间为标准。

1830 年以后，美国以及其他一些国家先后开始大量设计制造蒸汽机车。1830 年 8 月 28 日，美国的巴尔的摩港人欢马叫，万头攒动，这里正在举行世界上第一次马车与火车的赛跑。为什么要进行这场奇怪的比赛呢？原来当地有个名叫彼得 · 库伯的大地主，制造了一辆新的蒸汽机车，决心要与本地的马车大老板斯托克登的一匹非常出色的“灰马”比个高低。由于火车起动慢，比赛开始马车领先了 400 米。当机车达到每小时 24 公里的速度正常运行时，机车鼓风机的皮带从滑轮上脱落下来了，火车的速度顿时变慢了，结果“灰马”赢得了这场比赛的胜利。

尽管如此，人们还是看到了蒸汽机车牵引的潜力和前景，虽然在比赛中“灰马”赢了，但真正的胜利者应该是库伯。仅在 1832 年一年的时间中，美国就建造了 17 条全新的铁路，6 家火车头制造厂，并且很快开始出口火车头，供给英国铁路部门。英美之间也由此形成了竞争的局面。

这个时期蒸汽机车的动轮由两对或三对发展至四、五、六对。最早使用二轴导轮转向架的是美国于 1832 年制造的 2 — 1 — 0 式“乔纳森兄弟”号蒸汽机车，有些大型蒸汽机车还在动轮后面装有较小的从轮。借助从轮，机车可装载一个较宽大、较重的火箱。最普通的美国蒸汽机车的轮式是 4 — 4 — 0 型的。美国人一共制造了 25 000 多辆这种“美式机车”。一时间，在美国大陆每分钟都有火车在奔跑。

1863 年世界上第一条地下铁路在英国伦敦开通，被称作“都市地铁”，长约 6 公里，这是蒸汽机车第一次牵引地铁列车，

1875—1900 年广泛地应用蒸汽两次膨胀原理，创造了复胀式机车，提高了机车热效率。1900—1920 年由于采用过热蒸汽和给水预热等装置，机车的热效率、牵引力和功率又有提高。中国京张铁路的八达岭区段就采用了“马雷型”复胀式蒸汽机车。这其中以美国的“大男孩”蒸汽机车最具代表性。

探求新设计时期（1920 年以后）

到了 20 世纪 30 年代功能更加强大的蒸汽机车出现了，这时的蒸汽机车以它的高速度吸引着更多的旅客。这一时期，蒸汽机车的性能进一步得到改善。20 世纪 20 ~ 30 年代，机车的锅炉压力由 1.373 兆帕，提高到 2.000 ~ 2.069 兆帕 ，试验性高压机车的锅炉压力甚至高达 9.807 兆帕以上。

这个时期跑得最快的蒸汽机车是英国的“苏格兰飞人”。1934 年它牵引着从伦敦到爱丁堡的直达旅客列车，中途不停，以每小

时 160 公里的速度打破世界蒸汽机车的速度记录，驶完全程 632 公里的距离，是当时蒸汽机车一次行驶最长的直达距离。值得一提的是，“苏格兰飞人”的运行状态今天依然保持很好，在一些特殊的火车赛事中仍然能够看见它的身影。“苏格兰飞人”创造的蒸汽机车速度记录在全球引发了一场世界性的历时 40 年的蒸汽机车速度大竞争。

1936 年德国 DR_{05} 型“001”号蒸汽机车，以每小时 199 公里的速度超过“苏格兰飞人”，这个记录仅仅保持了两年就被英国人新造的“野鸭号”蒸汽机车给打破了。“野鸭号”蒸汽机车以惊人的 202.8 公里的最高时速，创造了新的世界记录。至今，还没有哪一辆蒸汽机车能够跑出长距离如此高的持续速度。

美国的“大机器号”蒸汽机车 1946 年为了弥补一次晚点，曾把速度开到每小时 226 公里。这些蒸汽机车，不仅在当时，就是与后来的先进蒸汽机车相比也毫不逊色。

高速机车采用水管式锅炉，虽然热效率较高，但构造复杂易发生故障，运用可靠性差，而未能投入运用。但一般说来，机车的锅炉压力以美国、加拿大等国的为最高，为 2.068 兆帕。20 世纪 40 ～ 50 年代，有些国家进一步提高过热蒸汽温度，如前苏联 J Ｉ B型机车过热蒸汽最高温度达 430℃～ 440℃。奥地利人 G · 吉士林根创造的高效率矩形通风装置（扁烟筒），已为 20 多个国家和地区所采用。利用废气热来加热给水的混合式给水加热器已得到广泛应用。中国的“前进型”、“建设型”和“人民型”蒸汽机车也在后来安装了这种设备。

20 世纪 40 年代蒸汽机车的发展到了鼎盛时期，蒸汽机车的重量和体积越来越大。最著名的蒸汽机车是美国在 1942 年“合众国太平洋铁路”上行驶的“大男孩”蒸汽机车，它比普通的蒸汽机车要长出两倍，重达 540 多吨。它可以牵引 100 多节货车车厢以 110 公里的时速行驶。被称做“机车王”的另一种美国蒸汽机车有多达 6 个汽缸，24 个大驱动轮，机车功率达到 6 000 马力（约 4 413 千瓦），最高时速 190 公里。有些美洲国家的部分地区，至今还在用这些巨型蒸汽机车运输煤炭和其他货物。

现存尚能开动的最古老的蒸汽机车是陈列在美国华盛顿博物馆中的“约翰牛号”蒸汽机车，1831 年 9 月 15 日试车运行，1860 年停止使用。1981 年 9 月 15 日它又被重新点火开上轨道，以纪念 150 年前的首次运行。

为了提高机车热效率，人们仍在继续研制凝汽式蒸汽机车。后来还提出了蒸汽机车使用沸腾炉床、燃用煤气等设想，希望使蒸汽机车的热效率达到 10%以上。但是蒸汽机车的热效率始终徘徊在 7%～ 9%之间。

第二次世界大战以后，蒸汽机车由于热效率低，已大部分被柴油机车和电力机车所代替。蒸汽机车在美国、日本、苏联和西欧等国已于 1960 — 1977 年期间相继停止使用。而在其他一些国家，蒸汽机车在铁路机车中仍占有较大比重。蒸汽机车从停止生产到停用需要一个过程，这个过程最短的国家是美国和英国，用了 7 年，法国用了 15 年，前西德用了 18 年，前苏联用了 20 年，日本用了 23 年。中国从停产蒸汽机车到停用蒸汽机车用了 17 年。

1988 年 12 月 21 日中国制造的最后一台蒸汽机车——“前进型”QJ — 7207 号蒸汽机车在大同机车厂驶下生产线，从此中国停止生产蒸汽机车。2005 年 12 月 9 日中国内蒙古大板机务段“前进型”QJ — 1514 号蒸汽机车正式退出国家铁路。这标志着中国铁路告别了蒸汽时代，进入了以内燃、电力为牵引动力的行列。

美国伯林顿和柴西两大铁路公司和煤炭开发公司正在研制一种以煤为燃料的新型蒸汽机车——“ACE300 ”型蒸汽机车，用来取代内燃机车和电力机车，它的功率为 3000 马力（约 2205 千瓦），上一次煤可行驶 800 公里，速度每小时可达到 130 公里。这种新型蒸汽机车由带动力装置的机车和带标准化集装箱的煤水车两部分组成。它与平常的蒸汽机车不同之处是：“ACE300 ”型机车上安装了四缸蒸汽机和经过改进的双级燃料循环系统，采用了当今世界上最先进的技术装备作为辅机。锅炉的燃烧过程全由微机控制。煤粉经过传送带进入炉膛燃烧后，煤可自动落入集装箱。煤水车上安装了冷凝装置，排出的蒸汽经过冷凝可供循环使用，上一次水可以行走 1 600 公里。该型机车只需一名司机操纵，能源消耗较低，机车效率可达 18% ，比美国以往最好的蒸汽机车效率 7%还要高约一倍半。

据美国专家估算，这种新型蒸汽机车即使使用优质的低硫煤，其成本也仅为内燃机车烧油的三分之一左右。如果从美国现有 24 万公里铁路网整体来考虑，它比实行电气化铁路还要合算。该型蒸汽机车行走时不冒烟，完全可以和电力机车相媲美，是真正的绿色环保型蒸汽机车。

中国的蒸汽机车

中国的蒸汽机车使用时间之长，种类之多，绝对是世界之最。早在 1865 年，英国商人杜兰德在北京的宣武门外铺设了 500 米长的一段铁轨，有人称它为“广告铁路”，用一台英国制造的 0 — 2 — 0 轴式的小型蒸汽机车在上面往复行驶。这是有史以来第一次在中国出现的蒸汽机车。

而落户在中国的第一台蒸汽机车则是 1876 年（清朝光绪二年）进入中国的英国“先导号”，这台在上海行驶的蒸汽机车是中国土地上运用最早的蒸汽机车。

从这个时候开始，清政府、北洋政府、民国政府分别以各种形式引进了英、美、德、法、日、沙俄、瑞士、捷克、比利时等国家的蒸汽机车，型号多达 232 种之多（包扩台湾省内的 34 种窄轨蒸汽机车）。1880 年在建设唐胥铁路期间，开平矿务局胥各庄修车厂的工人在英国工程师金达的主持下，利用煤矿锅驼机的锅炉和一些旧钢材装配成一台 0－1－1 轴式的机车，用来运送施工材料。这台简易的蒸汽机车是最早诞生在中国的国产蒸汽机车。1882 年 10 月为唐胥铁路施工从英国进口了两台蒸汽机车，一台 0－2－0 轴式 SA 型机车，被称作“0”号机车，在中国早期的蒸汽机车中，“0” 号是唯一保存完好的。它现在陈列于中国国家铁路博物馆。另一台为侧水柜式 SA 机车，轴式为 0－3－0 ，这台英国机车被称为“Rocket of china”（中国火箭号）。1887 年 5 月中国首次向美国鲍尔温机车工厂购买了一台 TF 型蒸汽机车用于唐芦铁路的运营。1891 年台湾省从德国进口了两台轴式为 0－2－0 的蒸汽机车，用于台湾岛内台北至基隆的铁路运营。清政府给这两台机车分别命名为“腾云号”和“御风号”。“腾云号”蒸汽机车一直运用到 1924 年退役，现在台北火车站东门陈列。

1900 年唐山机车厂根据美英等国的蒸汽机车设计图纸，利用国外的零部件，开始组装 MG 型蒸汽机车，1900 年内一共组装成 6 台，这是中国铁路第一次成批组装蒸汽机车。

1906 年法比公司制造的“ROMPES ”型 8 缸复胀式蒸汽机车，出现在京汉铁路武胜关大坡道区段。这是中国铁路第一次使用大型复胀式蒸汽机车。

1933 年中国工程师应尚才设计出 KF－1 型蒸汽机车，又称“联盟型”(Confederation)蒸汽机车，1934 年在英国开工制造。KF－1 型机车当时是很先进的机车，在世界上也处于领先位置，能跑出每小时 110 公里的速度。1936 年首批 6 台 KF－1 型蒸汽机车投入中国上海至杭州的运营，KF－1 型蒸汽机车曾经是沪宁线牵引特快列车和专列的主力机车，最后一台 KF－1 型蒸汽机车直到 1974 年才从上海机务段退出运营。

新中国成立后随着自行设计的蒸汽机车制造业的振兴。国产蒸汽机车的数量不断增加，到 1979 年中国的蒸汽机车拥有量已经达到 7 899 台，达到中国铁路历史上蒸汽机车拥有数量的最高峰。

1952 年 12 月青岛四方机车车辆厂在美国“天皇式”货运蒸汽机车的基础上仿制成功第一台解放型蒸汽机车，以后逐步发展出解放型和建设型（1－4－1 轴式），胜利型和人民型（ 2－3－1 轴式），反帝型和前进型（1－5－1 轴式）等六种主型蒸汽机车，以及上游型等各类型的工矿用蒸汽机车。

解放型机车是中等功率的货运机车，多为调车和小运转用。建设型机车是 1957 年在解放型机车的基础上设计而成的，加装了加煤机、给水预热器等设备，是干线货运主要蒸汽机车之一。

1956 年试制成功了胜利型和人民型机车。胜利型机车曾经是中国铁路的主要客运蒸汽机车之一，1958 年制造成的人民型机车是在胜利型机车的基础上改进设计而成。构造速度为每小时 110 公里，并增加了加煤机、给水加热器等装置。

1956 年 9 月 18 日大连机车车辆工厂制造出第一台“和平型”蒸汽机车，这是中国自行设计制造的首台大功率干线蒸汽机车。“和平型”蒸汽机车的各项技术指标均达到世界先进蒸汽机车的水平，机车牵引力比“解放型”机车提高了 40%，正式开启了自行制造蒸汽机车的大门。

1958 年中国铁道科学院研制出一台用蒸汽发电驱动的“飞龙号”涡轮蒸汽机车。

1962 年大同机车厂经过 2 年时间的改进，试制成功“和平型”101 号蒸汽机车，又称“新和平’，后改为“前进”101 号，并由大同机车工厂独家生产。

1966 年此型机车曾一度改名为“反帝”型,1971 年正式将“和平型”定名为“前进型”。这个名字的含义来自于毛泽东的一句话：“革命是人类历史前进的火车头。”“前进型”蒸汽机车经历了“和平”、“反帝”的名称更迭后,一直沿用至 2005 年。全国一共生产“前进”型蒸汽机车 4 714 台。

“前进型”大功率干线主型货运蒸汽机车。机车轴式为 1 — 5 — 1，采用单胀式双汽缸，有五对动轮，直径 1 500 毫米，机车黏着重量 100.5 吨，有 4 轴和 6 轴两种煤水车。它能利用 6%～10%的汽缸排出的热乏汽，将给水加热到 70℃～100 ℃ ，可以节水 7%～9%，节热 6%～8%。它装有黏着重量增加器，使黏着重量增大 8 吨。前进型机车最高热效率可达 8.42 %，通常为 5.5%～8.0%。虽然它的热效率不是很高，构造速度也只有每小时 80 公里。但由于蒸汽机车有较强的抗低温性，在中国的北方地区有相当数量的蒸汽机车担当牵引货物列车的任务。“前进 101 ”号蒸汽机车现在国家铁路博物馆陈列。

作为中国铁路运输的主力车型，“前进”型蒸汽机车一直在不断地进行改进和完善。

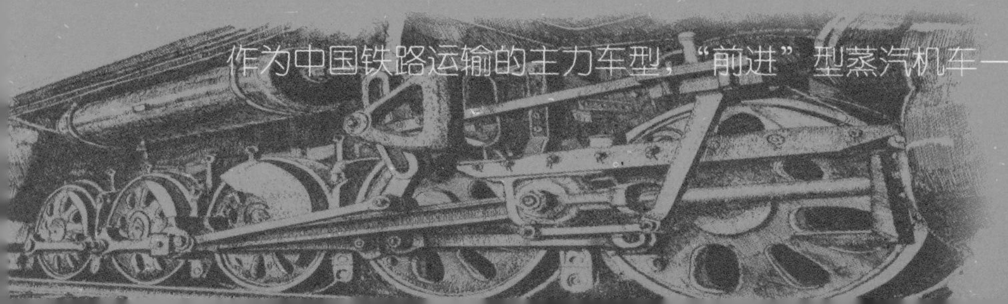

1981 年 10 月为了实现铁道部“把‘前进’型机车的效率由 8.42%提高到 10%”的要求，大同机车厂试制出一台车号为 6191 的“前进”型综合改造车，热效率达到 9.61%，这种综合试验车一共生产了 13 台。

1986 年 9 月，又对“前进”型蒸汽机车进行了煤气化改造试验。1987 年 5 月大同机车厂再次对“前进”型机车进行了提高蒸汽机车热效率，增大输出功率的试验改造。当年完成了将机车锅炉改为旋风式波特炉的试验，并生产出一台“前进”8001 号的波特炉式蒸汽机车。1988 年 12 月 21 日中国唯一生产大功率干线蒸汽机车的大同机车厂制造的最后一台“前进”7207 号蒸汽机车出厂后，停止了蒸汽机车的制造，转入内燃机车和电力机车的生产制造，标志着中国的机车制造业跨进了新的时期。

2005 年 12 月 9 日中国内蒙古大板机务段前进型 QJ－1514 号蒸汽机车正式退出国家铁路。这标志着中国铁路告别了蒸汽机车时代。中国的蒸汽机车从停产到停用用了 17 年的时间。

从 1952 年 12 月四方机车工厂仿制成功“解放”型 2121 号蒸汽机车开始，到 1988 年 12 月 21 日大同机车厂停止“前进”型干线货运蒸汽机车的生产为结束，36 年间，新中国一共生产了各类型蒸汽机车 9 698 台。1988 年以后还陆续生产过一些出口型蒸汽机车。

从 1951 年起中国蒸汽机车开始出口朝鲜，到 1955 年底的 5 年间，共援助朝鲜 80 台各类型蒸汽机车。1965 年至 1975 年间出口越南“自力”型蒸汽机车 67 台。1989 年至 1991 年共出口美国 3 台“上游”型蒸汽机车，用于在美国康涅狄格州牵引旅游观光列车。1989 年 11 月 21 日大同机车厂生产的“建设 B”型 8419 号蒸汽机车运抵美国依阿华州柏恩峡谷铁路公司，牵引旅游列车。1997 年出口韩国的“上游”3016 号燃油蒸汽机车接受中国专家的大修改造，改造后机车的燃油比原来节省了 20%。2005 年美国再次从中国进口了“前进”6988 号和“前进”7081 号蒸汽机车。

蒸汽机车从它呱呱坠地的诞生，到它结束历史生涯的 200 多年的漫长岁月里，曾经为我们人类的生产生活发挥过巨大的作用，它排山倒海铿锵有力的雄姿让我们难以忘怀。它的名字镌刻在了几代人的心中。

虽然，内燃机车和电力机车以及更先进的铁路机车的出现，使蒸汽机车退出了它曾经风光无限的铁路运输舞台。但是蒸汽机车已被载入了史册，每当高速列车飞驰而过的时候，人们还是会想起蒸汽机车那伟岸的身影，我们仿佛还能听到它雄浑的排汽声在耳边回荡。社会发展的必然规律让蒸汽机车永远地离开了我们，毕竟蒸汽机车是为人类服务了 200 多年的历史功臣。我们永远都不会忘记的。

2008 年 3 月 12 日

目　录

附录

翻开这里有你 不知道的和你 即将知道的

1. 世界上第一台轮轨式蒸汽机车——新城堡号（英国）

1. 世界上第一台轮轨式蒸汽机车——新城堡号诞生于 1804 年 2 月 29 日。英国人特里维西克制造了一台铁路蒸汽机车，锅炉蒸汽压力为 0.294 兆帕，锅炉顶部装有一个平放的汽缸。机车有两对动轮，由齿轮传动，轴列式为 0—2—0。机车装有一个大飞轮，借助于它的旋转惯性动力，保持汽缸活塞的往复运动。机车重 4.5 吨，能牵引 10 吨货物。29 日这天，他造的这台机车牵引着 5 节车厢载着 10 吨货物和 70 名旅客沿着摩根夏运河 16 公里长的铸铁轨道以 8 英里的速度行驶（约合每小时 13 公里），宣告了蒸汽机车的诞生。

2. 机车1号蒸汽机车（英国）

2. 机车 1 号蒸汽机车。1810 年英国的斯蒂芬森开始制造蒸汽机车。这辆名为“机车 1 号”的蒸汽机车，是他在 1814 年制造的，轴式 0—2—0，动轮直径 1 220 毫米，总重 6.9 吨。

3．运动 1 号蒸汽机车（英国）

3. 运动 1 号蒸汽机车。1825 年 9 月 27 日，在英国的斯托克顿附近挤满了 4 万余名观众，铜管乐队也整齐地站在铁轨边，人们翘首以待，望着那条蜿蜒而去的铁路。铁路两旁也拥挤着前来观看的人群。忽然人们听到一声激昂的汽笛声，一台机车喷云吐雾地疾驶而来。机车后面拖着 12 节煤车，另外还有 20 节车厢，车厢里还乘着约 450 名旅客。斯蒂芬森亲自驾驶世界上第一列火车。火车驶近了，大地在微微颤动。观众惊呆了，简直不相信自己的眼睛，不相信眼前的这铁家伙竟有这么大的力气。火车缓缓地停稳，人群中爆发出一阵雷鸣般的欢呼声。铜管乐队奏出激昂的乐曲，七门礼炮同时发放，人们庆祝世界上诞生了火车。这列火车以每小时 24 公里的速度，从达灵顿驶到了斯托克顿，铁路运输事业从这天开始。运动 1 号蒸汽机车，全长 7 315 毫米，总重 11.5 吨，轴式 0—2—0。

4．“火箭号”蒸汽机车（英国）

4.“火箭”号蒸汽机车。1781年，火车先驱乔治·斯蒂芬森出生在一个英国矿工家庭。直到18岁当斯蒂芬森决定在他主持修建从利物浦到曼彻斯特的铁路线上完全用蒸汽机车承担运输时，他还是一个目不识丁的文盲。他不顾别人的嘲笑，和七八岁的孩子一起坐在课堂里学习。1810年，他开始制造蒸汽机车。但是，保守的铁路拥有者对蒸汽机车的能力表示怀疑。他们提出，在铁路边上安装固定的牵引机，用拖缆来牵引火车。斯蒂芬森为了让人们充分相信火车的性能，制造出了性能良好的“火箭号”机车。这种机车的卓越表现终于让怀疑者改变了态度，利物浦—曼彻斯特铁路因此成为世界上第一条完全靠蒸汽机车运输的铁路线。

1829年10月6日，世界上第一次火车竞赛在英国举行，成千上万的英国人目击了这一竞赛。参加竞赛者共有4辆蒸汽火车，一辆因为运载它的货车翻了，机车部件严重损坏，退出比赛。真正参加比赛的，一辆是利用蒸汽车所改装的“新奇”号，一辆是叫做“桑土·巴里”的起立式汽缸机车，再就是斯蒂芬森设计的名为“火箭”号的蒸汽火车头。一开始，人们喜欢的是“新奇”号，它设计得轻巧而精美，而且几乎以每小时45公里的惊人速度向前疾驰。可是当“新奇”号挂上装满石子的重车继续行驶时，突然发出一声巨响，锅炉爆炸了。“新奇”号被迫退出竞赛。

斯蒂芬森的“火箭”号外观并不漂亮，但具有两项极为重要的设计：活塞杆直接和前轮的传动杆相连，而不采用复杂的曲柄转动装置系统；卧式锅炉里面有25根直径76.2毫米的铜管，铜管传导炉火发出的热，使水发热并迅速变成蒸汽。“火箭”号机车的轴式为0—2—2，最高速度每小时46.6公里。斯蒂芬森和其儿子一同坐在机车上，驾驶“火箭”号牵引着重12吨的货车以每小时22.5公里的速度行驶。到第10次行驶时他将速度提高至每小时33.7公里。最后一次，斯蒂芬森的“火箭”号机车以每小时46.6公里的高速前进，越过终点线时，数万观众脱帽欢腾。从此再也没有人对斯蒂芬森的才能和蒸汽机车发明人的身份表示怀疑了。 乔治·斯蒂芬森的“火箭”号是第一辆真正实用的蒸汽机车，也是最著名的一辆。它的成功之处主要在于它使用了多管锅炉，以及在燃烧室中传输蒸汽和产生气流的有效方法。这些特征后来在许多蒸汽机上得到应用。“火箭”号机车全长9 520毫米，机车总重20吨，轴式0—2—2。最大速度每小时46.6公里。

5．“小男孩”号蒸汽机车（法国）

5.“小男孩”号蒸汽机车。1843年法国制造的“小男孩”号蒸汽机车，动轮直径1 600毫米，机车总重6.6吨，轴式1—1—1，锅炉压力每平方厘米5千克力（5×10^5帕）。

6．“FN”复胀式四缸蒸汽机车（美国）

7. “长弓”式蒸汽机车。1852 年法国制造，机车总重 47.5 吨，机车全长 12 728 毫米，汽缸内置，动轮直径 2 100 毫米，轴式 0—2—1。

8．“将军号”蒸汽机车（美国）

8. “将军号”蒸汽机车。1855 年美国制造，机车及煤水车全长 15 926 毫米，机车及煤水车总重 41 吨，动轮直径 1 524 毫米，轴式 2—2—0。

“将军号”机车在美国内战期间名噪一时。该车的特点是：卧式汽缸，长轴距转向架，木制驾驶室。该车的设计者注意了机车外部的美观，制造商威廉姆·梅森曾说：“我们想让它在拥有无穷力量的同时，还拥有漂亮的外形。将来人们在铁路线上看到的不再是‘带轮子的炉子’。”

9. “长弓”式蒸汽机车（瑞士）

9. 瑞士“长弓”式蒸汽机车，1857 年制造。机车及煤水车全长 13 650 毫米，机车及煤水车总重 40 吨。动轮直径 1 686 毫米，轴式 0—3—0。锅炉压力每平方厘米 8 千克力（8×10^5 帕）。

9

10. “先导号”蒸汽机车（瑞士）

10.“先导号”蒸汽机车，1874 年在英国制造，同年用于中国上海的吴淞至上海市内的淞沪铁路。

“先导号”蒸汽机车 1874 年进入中国，当时主要用于筑路工地的施工材料的运输。“先导号”蒸汽机车属于世界早期蒸汽机车之一，仅有两根动轴，轴式 0—2—0，机车总重 1 320 公斤，轨距 762 毫米。

11. “马特·H·夏伊”（MATEL·H·XY）蒸汽机车（美国）

11.“马特·H·夏伊”（MATEL·H·XY）三联蒸汽机车。1913年美国鲍尔温公司生产了4台这种机车。该车最后一组驱动轮小于前两组驱动轮。6个汽缸的尺寸完全一致。

该机车曾牵引过18 203吨，250节车厢。但是在实际行动中，只靠一个锅炉向3组汽缸同时供汽还是相当吃力。驾驶室下的汽缸增加了很大的噪声。

虽然，这种机车在设计上行得通，但工作中无法达到人们的要求，结果，到1933年相继被拆除或改装。

机车全长：32米

总重：392吨

锅炉压力：14.7千克力/平方厘米（1.47×10^6帕）

动轮直径：1 615毫米

轴式：1—4+4+4—1

12. “XK”型蒸汽机车（英国）

12. “XK”型蒸汽机车，又称为六轮式蒸汽机车。1876 年英国制造，总重 9 吨，轴式 0—3—0。

13. 中国自制第一台蒸汽机车

13. 中国自制第一台蒸汽机车。1880 年唐胥铁路修建期间，在英国工程师金达主持下，由开平矿务局胥各庄修车厂员工利用锅驼机等施工机具拼装而成的，用于线路施工。机车主动轮在锅炉上部，带动他动轮在轨道上行驶。这台机车虽然简陋，但它毕竟是中国人自己制造而且最早诞生在中国的蒸汽机车。这台机车的造价在当时用了 520 元，折合英镑约为 70~80 英镑。

14. “龙”号蒸汽机车（英国）

14.“龙”号蒸汽机车，1881年6月9日进入中国，由英国制造，运行于唐胥铁路。有3根动轮轴，轴式为0—3—0，动轮直径762毫米，机车长约5.7米，车身上标有英文Rocket of China(中国火箭)，机车水柜两侧各镶嵌一条金属龙形图案。因此，这台机车有了“中国火箭号”和“龙号”两个名称。

15. “0”号蒸汽机车（英国）

15. “0”号蒸汽机车，是中国迄今为止保存的最古老的蒸汽机车。这台机车由英国制造，1860 年出口中国。1882 年起开始在唐山附近的唐胥铁路上运行。

“0”号蒸汽机车为两轴机车，动轮直径 812.8 毫米。轴式 0—2—0，最高行驶速度每小时 15 公里。当年从英国一共进口了两台同样的机车，仅存的这台“0”号蒸汽机车，曾在 1982 年到 1983 年在日本展出。现存放于北京中国铁道博物馆。

16. “腾云”号蒸汽机车（英国）

16.“腾云”号蒸汽机车是中国台湾省内的第一台蒸汽机车，1887 年德国机车工厂向中国出口了这台窄轨蒸汽机车。1887 年至 1924 年“腾云号”蒸汽机车在台湾省的基隆—台北—新竹区段运行。由于台湾岛内多森林植被，为防止机车烟筒喷出的火星引发火灾，“腾云号”蒸汽机车的烟筒在 1906 年改造成了能熄灭火星的钻石型烟筒。“腾云号”蒸汽机车的最高速度每小时 35 公里。1924 年退役，1945 年“腾云号”被台湾省立博物馆收藏，并永久性陈列在台北火车站前。

17. PL—5型蒸汽机车（英国）

17. PL—5 型蒸汽机车系英国北英机车公司 1887 年制造，机车全长 9 690 毫米，总重 40.36 吨，动轮直径 1258 毫米，轴式 0—3—0。新中国成立初期天津铁路局有 5 台、太原铁路局有 3 台 PL—5 型蒸汽机车。

18. DB_1型蒸汽机车（英国）

18. DB_1 型蒸汽机车系英国北英机车公司 1892 年制造，属于鞍式水柜机车。1893 年进入中国，主要用作调车机车。英国蒸汽机车是最早进入中国的，其品种也最全。DB_1 型蒸汽机车的前部空间较大，能方便调车工作人员的摘挂钩作业。

DB_1 型蒸汽机车连同煤水车全长 13 240 毫米，机车及煤水车总重 39.11 吨，动轮直径 1 219 毫米，轴式 1—3—2，轴重 9.89 吨。此型机车配属北宁铁路，新中国成立后，仅在太原有 126 号、127 号两台 DB_1 型蒸汽机车尚存。1955 年 DB_1 型蒸汽机车取消。

19. “999”号蒸汽机车（美国）

19.“999”号蒸汽机车。美国1892年制造。动轮直径2 184毫米；总重：92.53吨；锅炉压力：12.6千克/平方厘米（1.26×10^6帕）；轴式：2—2—1。

该车运行于纽约和芝加哥之间，属于典型的美式机车。它曾经在1893年5月10日牵引4节车厢跑出了时速180公里的好成绩。从此，该车声名大振，被称之为“20世纪高级快车”，后经改造其动轮改为1 981毫米。

20. KKS_tB “6” 型蒸汽机车（奥地利）

20. KKS$_t$B“6” 型蒸汽机车，1893 年，生产国：奥地利，别称“雨衣”。机车及煤水车全长 16 480 毫米，机车及煤水车总重 94 吨，动轮直径 2 190 毫米，轴式 2—2—0，轴重 14.5 吨。载燃煤 7.25 吨，水 16.5 立方米。

它的最大特征是在两个汽包之间添加了“克兰奇”式的蒸汽干燥管。奥地利和捷克在当时都大量生产该型机车。最后一台 KKS$_t$B“6” 型机车在 20 世纪 70 年代从奥地利退役。

21. D_{16}SD型蒸汽机车（美国）

21. D_{16}SD 型蒸汽机车。1895 年由美国鲍尔温机车工厂制造。机车及煤水车全长 20 422 毫米，机车及煤水车总重 127 吨，动轮直径 1 727 毫米，载燃煤 11.8 吨，水 21.2 立方米。轴式 2—2—0。

该车满足了人们对动力的要求，在美国、英国、法国曾经广泛应用。

22. FN型“大西洋”号蒸汽机车（美国）

23. AM_2 型客运蒸汽机车。1897 年由美国鲍尔温机车工厂制造。AM_2 型客运蒸汽机车制造技术先进，也是中国铁路较早使用的美国客运蒸汽机车。AM_2 型客运蒸汽机车 1900 年开始在京奉铁路上使用。1903 年 4 月 3 日上午，AM_2 型 34 号客运蒸汽机车牵引清朝慈禧太后的“龙凤专列”，到河北易县的清西陵祭陵。

AM_3 客运蒸汽机车是美国机车公司 1923 年制造的，它与 AM_2 型客运蒸汽机车一样采用了当时比较先进的机车制造技术，并做了小的改进，是 20 世纪 30 年代中国铁路主力客运机车之一。当时一共进口了 AM_3 型客运蒸汽机车 26 台，在中国的沪杭甬及沪宁铁路上使用。1955 年 AM_3 型机车退役。

24. RA型蒸汽机车（意大利）

24. RA 型“亚得里亚海”式客运蒸汽机车，意大利 1900 年制造。机车总重 100 吨，机车全长 24.13 毫米，动轮直径 1920 毫米，轴式 2—3—2，属于早期的活节式蒸汽机车。

25. TH_2型蒸汽机车（德国）

25. TH_2 型蒸汽机车，德国 VULCAN STCTIEN 工厂 1901 年至 1905 年制造。TH_2 型蒸汽机车属于客运机车，机车总重 93.25 吨，机车全长 16 811 毫米，动轮直径 1 350 毫米，轴式 2—3—0。中国国内共有此型机车 17 台，配属在胶济铁路，1955 年这批机车退役。

26. KD型蒸汽机车（俄国）

26. KD 型蒸汽机车是 1902 年俄国布郎斯科与哈利科夫工厂制造的一种复胀式饱和蒸汽货运机车。KD 型蒸汽机车全长 20 721 毫米，动轮直径 1 220 毫米，机车及煤水车总重 138.7 吨，轴式 1—4—0。轨距 1 524 毫米，构造速度每小时 70 公里。中国共有 KD 型蒸汽机车 86 台，全部用于中东铁路，曾用代号：科德。

27. “Large AtLantic”型蒸汽机车（英国）

27. “Large Atlantic”型复胀式蒸汽机车，1902 年英国制造。机车及煤水车全长 17 634 毫米，动轮直径 2 032 毫米，机车及煤水车总重 115 吨，轴式 2—2—0。

该车采用一个内置高压汽缸和两个外低压汽缸，设计师史密斯发明了一种三通阀，使用这种阀门，可以使机车在仅用外低压汽缸的情况下，就可以启动，而且在该阀门的帮助下，可以使机车很方便地成为单胀式或复胀式机车。

28. MG_1型蒸汽机车（中国）

28. MG_1 型蒸汽机车是中国早期组装生产的一种蒸汽机车，1930 年唐山机车工厂开始组装生产这种机车。此种机车一直使用到 1955 年。MG_1 型蒸汽机车机车及煤水车全长 17 363 毫米，动轮直径 1 520 毫米，机车及煤水车总重 56.08 吨，轴式 1—3—2。

29. “金火车头钟”蒸汽机车模型（法国）

29.“金火车头钟”，此钟是清朝慈禧太后赐给山西祁县曹家大院三多堂的，1903年慈禧太后西逃途中祁县曹家给了慈禧很多关照。慈禧回京后感念曹家相助之情，将法国人赠送的金火车头钟赐给山西祁县曹家。此钟由白金、黄金、乌金制成，钟上装有气压计、温度表，整个钟表的外型仿照法国当时的蒸汽机车制成。

30. "捷典"号蒸汽机车（德国）

30.“捷典”号蒸汽机车。1904 年德国制造，曾广泛使用于中国湘鄂地方铁路。属于小型鞍式水柜机车，轴式 0—2—0。

31. DB_3型蒸汽机车（美国）

31. DB_3 型蒸汽机车。1906 年美国鲍尔温机车厂制造。机车及煤水车总重 45.72 吨，机车及煤水车全长 11 430 毫米。动轮直径 1 219 毫米，车轴排列为 1—3—2 式。中国曾进口这种型号机车 4 台，原太原铁路分局曾有 DB_3 型机车 121 号、122 号。1955 年这种型号机车退役。

32. DB_1型蒸汽机车（美国）

32. DB_1 型蒸汽机车。在旧中国铁路运行的国外蒸汽机车中，美国的蒸汽机车数量最多，其型号也最多。DB_1 型蒸汽机车是美国较早进入中国的众多机车中的一种。从 1907 年开始中国共进口 DB_1 型蒸汽机车 26 台。DB_1 型蒸汽机车总重 90.49 顿，机车及煤水车全长 13 240 毫米，动轮直径 1 370 毫米，轴式 1—3—0，构造速度每小时 80 公里。DB_1 型蒸汽机车主要用于中国东北地区，1951 年 DB_1 型蒸汽机车退役。

33. PL_1型蒸汽机车（美国）

33. PL_1 型蒸汽机车。1907 年美国鲍尔温机车工厂生产。机车及煤水车全长 16 002 毫米，机车总重 102.9 吨，动轮直径 1 270 毫米，轴式 1—3—1。

34. “310”型复胀式客运蒸汽机车（奥地利）

34.“310” 型复胀型客运蒸汽机车，奥地利 1908 年生产。机车及煤水车全长 21 318 毫米，总重 146 吨，轴式 1—3—2，动轮直径 2 100 毫米，装载煤 8.5 吨，水 21 立方米，最大速度每小时 100 公里。

该型机车最早用于支线客车的牵引，共生产了 197 台，20 世纪 50 年代开始陆续退役。直到 20 世纪 70 年代最后一台该型机车才退出现役，保存在捷克。

35. TH_1型蒸汽机车（美国）

35. TH_1 型蒸汽机车是美国鲍尔温机车工厂 1908—1912 年制造的客运蒸汽机车。中国的 TH_1 型蒸汽机车曾在中国东北满铁和东北的多数地区使用过。TH_1 型蒸汽机车连同煤水车全长 18 811 毫米，机车及煤水车总重 120 吨，动轮直径 1 750 毫米，轴式 2—3—0。1990 年退役。

36. FA型蒸汽机车（英国）

36. FA 型蒸汽机车是进入中国较早的蒸汽机车之一。在早期的中国铁路机车中，英国的蒸汽机车占了很大的比例。FA 型蒸汽机车就是比较有代表性的一种。由英国北英机车公司 1908 年生产的这种机车是当时较为先进的蒸汽机车之一。FA 型蒸汽机车总重 33.9 吨，动轮直径 1 000 毫米，轴重 8.17 吨，轴式 0—3—0。这种机车的水柜以及锅炉用钢板封闭，不带煤水车。

37. PL_{11}型蒸汽机车（美国）

37. PL_{11} 型蒸汽机车，是侧水柜式调车机车。1909 年美国鲍尔温机车工厂生产。机车总重 54.3 吨，机车全长 9 855 毫米，动轮直径 1 168 毫米，轴式 1—3—1。

38. XK型蒸汽机车（美国）

38. XK 型蒸汽机车，又称六轮式蒸汽机车。美国罗杰斯工厂1909 年生产，属于侧水柜式机车，机车全长 8 400 毫米，机车总重 40.6 吨，动轮直径 1 370 毫米，轴式 0—3—0。XK 型蒸汽机车曾在京绥铁路用于调车作业。

39. RA夏伊型蒸汽机车（美国）

39. RA 夏伊型齿轮传动蒸汽机车，1909 年由美国利玛机车厂生产，为直立汽缸齿轮传动的爬山机车。这种机车非常适宜在大陡坡的山区铁路使用。当时中国曾购进了 4 台这种机车，全部用于京张铁路。到 1931 年此型机车退役。RA 型机车，机车及煤水车总重 100 吨，动轮直径 914 毫米，轴式 0—2+2+2—0。

该型机车所有车轮都是驱动轮，依靠自身的黏着重量可以牵引列车在 30‰以上的陡坡运行。它的三个汽缸全部在机车右侧，因此，锅炉在机车左侧。

40. 夏伊型蒸汽机车（美国）

40. 夏伊型蒸汽机车。为了给台湾省阿里山高山铁路的开通做准备，中国从美国进口了 2 台夏伊型爬山机车，机车重 18 吨，有三组直立汽缸以伞型齿轮传动，尤其适宜高山铁路，在机车的前轮上方有一个邮政信箱，邮政人员可以通过它收发信件，极为方便。这也是中国铁路机车唯一带有邮箱的蒸汽机车。1914 年建成的阿里山铁路全长 71.9 公里，其中，最大坡度 66.7‰，最小曲线半径 30 米。这种机车在 20 世纪 60 年代退役后，于 2005 年又修复了一台继续在阿里山铁路担当旅游列车的牵引。

41. ML_2型蒸汽机车（美国）

41. ML_2 型蒸汽机车是美国美国鲍尔温机车工厂 1911 年制造的一种复胀式爬山机车。机车及煤水车总重 119.28 吨，机车及煤水车全长 20.66 米，动轮直径 1219 毫米。它有高压、低压汽缸各两个。由于 ML_2 型蒸汽机车的蒸汽分别在高低压汽缸里两次做功，加大了机车牵引力。同时，两组转向架能方便地通过小转弯半径的线路，适合在山区铁路的长大区段牵引重载列车。ML_2 型蒸汽机车配属京绥铁路，运用在南口至青龙桥间的陡坡路段，1975 年该型号取消。

42. “法尔利”型蒸汽机车（墨西哥）

42. 法尔利双向四缸蒸汽机车，墨西哥伍尔坎工厂 1911 年制造，机车总重 125 吨，动轮直径 1 218 毫米，轴式 0—3+3—0。

墨西哥的铁路坡多、弯多。因此，这种铰接式机车很受欢迎。图中的 0—3+3—0 轴式的法尔利机车是法尔利机车族中体积最大的一种。它的轴距 10 812 毫米，有两套完全一样的驾驶操纵机构，可以方便地换向驾驶。

43. K_4型蒸汽机车（美国）

43. K4 型客运蒸汽机车。美国 1914 年生产，机车及煤水车全长 25 451 毫米，机车及煤水车总重 242 吨，动轮直径 2 032 毫米，轴式 2—3—1。

44. SL_9型蒸汽机车（日本）

44. SL_9 型客运蒸汽机车（日本 K_4 型客运蒸汽机车）。1915 年日本制造，窄轨。此机车在日本国内为国铁机车。1937 年日本滨松工厂将之改为准轨机车后，共有 15 台 K_4 型客运蒸汽机车运往中国，在华东铁路使用，主要牵引客运列车。1990 年取消该型号。K_4 型机车及煤水车全长 19 994 毫米，总重 116.4 吨，动轮直径 1 750 毫米，轴式 2—3—1。

45. MG型蒸汽机车（中国）

46. C_{53}型蒸汽机车，荷兰1917年制造，机车及煤水车全长20 889毫米，总重66.5吨，动轮直径1 600毫米，轴式2—3—1。

47. MG_{26}型蒸汽机车（美国）

47. MG_{26} 型蒸汽机车是美国机车公司于 1918 年制造的客运蒸汽机车，机车连同煤水车全长 17 983 毫米，机车及煤水车总重 106.36 吨，动轮直径 1 524 毫米，轴式 1—3—0。MG_{26} 型客运蒸汽机车的最高时速可以达到 90 公里，在当时是很先进的一种客运蒸汽机车。

48. “KOPPEL”型窄轨蒸汽机车（日本）

48. 中国台湾省内使用的(“KOPPEL”型窄轨)蒸汽机车，1917年日本Koppel工厂制造，用于台湾岛内糖业铁路的运输。机车全长8 100毫米，总重22.6吨，动轮直径870毫米，轴式0—3—1。

49. KD$_5$型蒸汽机车原型车（日本）

49. 典型的 KD_5 型蒸汽机车。中国电影《铁道游击队》中的火车即用此型机车。

50. KD_5型蒸汽机车（日本）

50. KD_5 型准轨蒸汽机车 1921 年由日本川崎工厂制造，这种机车在中国铁路的数量很多。KD_5 型蒸汽机车的代号有两种：C5、C6，其中 C5 型的机车多用于天津、郑州等地，总共有 146 台。C6 型的机车主要在沪宁、京汉线使用，共有 68 台。

KD_5 型蒸汽机车的最大特点是它可以标准轨与窄轨两用，通过装卸机车底部宽 368 毫米的底板，即可在标准轨与窄轨之间互换。KD_5 型蒸汽机车连同煤水车全长 16 563 毫米，机车及煤水车总重 98.24 吨，动轮直径 1 250 毫米，轴重 13.7 吨，轴式 1—4—0。

51. KD_5型窄轨蒸汽机车（日本）

52. PL_9 型蒸汽机车是比利时制造的蒸汽机车在中国的代表作。比利时制造的蒸汽机车在中国的不多，而且型号也只有四五种，其中 PL_9 型机车数量不超过 40 台，其他型号的机车极其少见。最少的一种型号在中国只有 2 台。

PL_9 型蒸汽机车 1920 年在比利时制造，机车及煤水车总重 112 吨，机车全长 19 422 毫米，动轮直径 1 500 毫米，轴式 1—3—1。PL_9 型蒸汽机车煤水车的造型独特，特点是后部比前部高，京汉铁路曾使用过这种机车，1990 年此种型号被取消。

53. ML—4型蒸汽机车（美国）

53. ML—4 型蒸汽机车。1905 年，清政府决定自筑一条由北京到张家口的京张铁路，长 201 公里，詹天佑被派为京张铁路会办兼总工程师。京张铁路工程施工任务十分艰巨，要穿越关沟一带峻岭沟谷，爬行 33‰的坡道，要凿通居庸关、八达岭等共长 1 600 多米的四个隧道。这在当时的技术和设备条件下显然是十分困难的。外国人不相信中国人能修建这条谷深坡陡的铁路。他们要看中国人的笑话。朝廷里的个别官员也不相信，他们嘲笑议论。但是詹天佑在工人和铁路同仁的支持下，经过反复勘测，独创了人字形铁路，解决了这一世界性施工难题。

从 1905 年 5 月开始到 1909 年 10 月，只用了四年多的时间，就建成了自己设计、自己施工的干线铁路。为了增加火车的动力，詹天佑选择了美国制造的大马力马雷型 (ML—4) 蒸汽机车。这个庞然大物，在今天的人们看来，它实在是太大、太笨重了，但依据当时的地理交通条件，也是一种必然的选择。ML—4 型蒸汽机车是复胀式四缸机车，这种机车总重 289.5 吨，全长 28 907 毫米，动轮直径 1 270 毫米，轴式 1—4+4—1。

54. SL_{20}型客运蒸汽机车（美国）

54. SL_{20} 型客运蒸汽机车，美国机车公司（ALCO）1922 年制造。机车及煤水车全长 20 734 毫米，机车总重 126.98 吨，动轮直径 1 750 毫米，轴式 2—3—1。曾用于中国胶济铁路，共有 10 台，1975 年取消该型号。

55. JF$_{16}$型蒸汽机车（日本）

55. JF16 型蒸汽机车，1923 年日本川崎工厂制造。机车及煤水车全长 20 003 毫米，机车总重 127.14 吨，动轮直径 1 400 毫米，轴式 1—4—1。日侵华期间曾配属华北交通公司，1955 年此车型取消。

56. 电传动蒸汽机车（英国）

56. 电传动蒸汽机车又称为“安静的蒸汽机车”。英国 1924 年制造的电传动蒸汽机车，它用蒸汽驱动涡轮发电机产生的电力推动机车行驶。机车全长 11 890 毫米，机车总重 88.4 吨，轴式 1—3—1，动轮直径 11 890 毫米，最大速度每小时 69 公里。

57. “BAIDWIN”山地蒸汽机车（美国）

58. SN 型窄轨蒸汽机车。美国鲍尔温机车工厂 1926 年至 1930 年生产的 SN 型窄轨蒸汽机车。用于中国云南的滇越铁路。1927 年云南个碧地方铁路公司订购了 16 台 SN 型窄轨蒸汽机车，这些机车从美国运到中国后，分解成零部件由马帮运到碧色寨然后组装成型。SN 型窄轨蒸汽机车总重 45.97 吨，机车及煤水车全长 14 850 毫米，轨距 600 毫米。这批机车 1991 年退役。

59. NYC“J3”型蒸汽机车（美国）

59. NYC“J3”型蒸汽机车，美国 1926 年制造。机车及煤水车全长 32 342 毫米，机车总重 350 吨，动轮直径 2 007 毫米，轴式 2—3—2。最大速度每小时 105 公里。

60. SL_5型窄轨蒸汽机车（日本）

60. 日本 SL_5 型蒸汽机车由日本设计，中国大连沙河口铁道工厂于 1927 年组装生产。大连沙河口铁道工厂共制造这种机车 20 台，全部用于满铁。1990 年这批机车报废。SL_5 型蒸汽机车连同煤水车全长 22 849 毫米，总重 185.59 吨，轴式 2—3—1，动轮直径 1 850 毫米，构造速度每小时 100 公里。

61. JF_2型蒸汽机车（美国）

61. JF_2 型蒸汽机车在 1924 年满铁从美国机车公司进口 5 台后，自 1925 年开始由大连沙河口工厂、日本川崎、日本汽车制造公司制造。JF_2 型蒸汽机车有三个汽缸，牵引力大。但是，检修复杂，左右汽阀给汽不一样，而且调试困难。该型机车主要担当辽宁省瓦房店至大石桥间长大坡道的重载货物列车的牵引任务。JF_2 型蒸汽机车全长 22 340 毫米，机车及煤水车总重 178.8 吨，动轮直径 1 379 毫米，轴式 1—4—1。

62. 中国台湾糖业铁路专用机车（日本）

62. 中国台湾糖业铁路专用蒸汽机车。1895 年台湾糖业铁路向日本购买了 12 台窄轨蒸汽机车，从 1905 年开始先后仿制了 10 余台这种机车。

此型机车和煤水车的总重量为 15.5 吨，机车全长 9 580 毫米。动轮直径 660 毫米，轨距 762 毫米，轴式 0—3—1，构造速度每小时 40 公里。这种机车还可以木材作为燃料。从 20 世纪 50 年代开始这种机车开始陆续退役。

中国台湾糖业铁路的一台同型号的 650 号蒸汽机车被日本买回，作为文物存放在日本宫城博物馆。

63. FD型蒸汽机车（前苏联）

63. FD 型蒸汽机车。在新中国成立后，全国铁路运输急需大量的机车，为此中国从 1958 年到 1961 年先后从前苏联进口了两批苏联国内已经停用的 FD 型蒸汽机车，共计 1 050 台。中国版的 FD 型蒸汽机车总重 254.4 吨，机车及煤水车全长 29 070 毫米，轴式 1—5—1，动轮直径 1 500 毫米。这 1 050 台机车分别用于中国的东北和华北的大部分地区。20 世纪 70 年代逐渐退役。图中的 1227 号机车现陈列在沈阳苏家屯蒸汽机车博物馆。

64. “天皇式” JF_7蒸汽机车（日本）

64.“天皇式”JF_7型蒸汽机车。1923年美国为日本制造，后改由满铁工厂及日本的川崎、日立工厂制造此车。机车及煤水车全长22 634毫米，机车及煤水车总重92.07吨，轴式1—4—1，动轮直径1 500毫米。构造速度每小时80公里。

65. SL_3型客运蒸汽机车（日本）

65. SL_3 型客运蒸汽机车，1934 年日本制造。机车及煤水车全长 21 489 毫米，机车及煤水车总重 148 吨，动轮直径 1 750 毫米，轴式 2—3—2。该型机车曾用于中国东北地区，1990 年该型号取消。

66. SL_7型蒸汽机车（日本）

66. 日本 SL_7 型蒸汽机车，1934 年满铁及日本川崎等工厂制造，机车及煤水车总重 203.31 吨，机车全长 25 675 毫米，动轮直径 2 000 毫米。该型机车为减少走行部的摩擦阻力，在导轮、动轮、从轮及煤水车轴上均采用了滚动轴承。在日本侵华战争期间它曾牵引“亚细亚号”超特快旅客列车，往返于长春—大连之间，全程运行 8 小时 20 分，最高时速 130 公里。日本机车进入中国比英、美、德等国要晚，随着侵华战争的扩大，日本机车进入中国的数量也快速增加。尤其是被日本长期侵占的中国台湾省，几乎被日本制造的机车一统天下。

67. DK_5重型货运蒸汽机车（德国）

67. DK_5 重型货运蒸汽机车。1934 年德国开始生产这种重型货运蒸汽机车，德国国内型号为 BR_{50}。1938 年生产的 BR_{50} 型蒸汽机车出口到中国，在中国的 BR_{50} 称为 DK_5 型。到 1941 年德国共生产这种机车 3 164 台。这种被称为“战争机车”的 DK 型机车出色的制造工艺使这些机车异常坚固，使用寿命非常长。直到 1989 年 DK5 才从原民主德国的铁路上退役。

68. SL型客运蒸汽机车（日本）

68. SL 型客运蒸汽机车，曾用名“太平洋式”，在中国民国时期曾称之为 P_4 型。1934 年日本日立、川崎等工厂生产，机车及煤水车总重 184.33 吨，机车全长 23 770 毫米，动轮直径 1 750 毫米。构造速度每小时 110 公里。

中国四方机车工厂从 1956 年起仿制此型机车，区分方法是车号在 600 以上的机车是四方机车工厂仿制的。1951 年以后这种机车改称“胜利”型，代号 SL，1959 年此型机车停产。

69. ST_2型货运蒸汽机车（德国）

69. ST_2 型货运蒸汽机车，德国 Krupp 工厂 1935 年制造。这种机车用于津浦铁路的货物运输，1990 年该型号机车退役。ST_2 型货运蒸汽机车的机车及煤水车全长 21 470 毫米，机车及煤水车总重 160.9 吨，轴式 1—5—1。ST_2 型 22 号货运蒸汽机车现在沈阳蒸汽机车博物馆陈列。

70. KF_1（联盟）型蒸汽机车（中国）

70. KF_1（联盟）型蒸汽机车是客货两用蒸汽机车，是中国人首次自行设计的大型蒸汽机车。主设计师是应尚才。KF_1 型蒸汽机车在设计过程中采用了大量的先进技术，成功地减轻了大功率蒸汽机车的动轮轴重问题。

这种机车适应中国铁路运输的特点和需要。虽然 KF_1 型蒸汽机车限于当时国内条件，由英国制造，但在设计思想和计算方法上，超过了当时英国的技术水平。

联盟型是中文型号，1936 年第一批联盟型蒸汽机车在上海至南京间试运行，时速可达 110 公里。1950 年戚墅堰机车工厂修复出 21 台 KF_1 型蒸汽机车，配属上海机务段。20 世纪 70 年代 KF_1 型蒸汽机车全部退役。KF_1（联盟型）型蒸汽机车机车及煤水车全长 28.41 米，机车及煤水车总重 195.73 吨，动轮直径 1750 毫米，轴式 2—4—2。

71. 超级太平洋F_7高速客运蒸汽机车（美国）

71. 超级太平洋 F_7 高速客运蒸汽机车。1935 年美国艾高机车公司生产，机车及煤水车全长 30 480 毫米，机车及煤水车总重 359 吨，动轮直径 2 134 毫米，轴式 2—3—2。

72. JF（解放）型蒸汽机车原型车（日本）

72. JF(解放)型蒸汽机车原型车。最早仿制的旧型机车是旧中国遗留下的机车中数量最多，功率较大，性能较好的干线货运机车 MK_1 型。日本侵华期间满铁工厂在 1935—1943 年组装生产。此车原为美国为满铁设计制造的货运机车，1923 年由美国机车工厂制造，后改由满铁工厂及日本的川崎、日立工厂制造此车。

73. DR_{05}型客运高速蒸汽机车（德国）

73. DR_{05} 型客运高速蒸汽机车，1935 年德国制造。DR_{05} 型一改蒸汽机车已往的形象，德国设计师在 1935 年采用当时最先进的工艺制造出线条流畅、风阻系数很小的流线型机车。1936 年 3 月 DR_{05} 型“001”号机车跑出了每小时 199 公里的速度。这个记录刷新了英国“苏格兰飞人”号蒸汽机车每小时 160 公里的世界记录。DR_{05} 型客运高速蒸汽机车全长 30 760 毫米，总重 390 吨，动轮直径 2 300 毫米，轴式 2—3—2。锅炉压力每平方厘米 20 千克力（2×10^6 帕）。该型机车是当时锅炉压力最大的蒸汽机车之一。

74. JF型基斯尔矩形烟筒蒸汽机车（日本）

74. JF 型基斯尔矩型烟筒蒸汽机车。1936—1943 年日本川崎、日立机车工厂制造，曾在中国东北地区使用。此机车为了加强通风，改善燃烧条件，将烟筒改为矩型烟筒。此机车全长 21 906 毫米，总重 162.05 吨，轴式 1—4—1。1990 年该型号机车退役。

75. “U-4”型蒸汽机车（加拿大）

75. “U—4”型蒸汽机车，1936 年加拿大制造。机车及煤水车全长 28 990 毫米，机车及煤水车总重 300 吨，动轮直径 1 956 毫米，轴式 2—4—1。最大速度每小时 140 公里。

76. 哈德逊J_1重型蒸汽机车（美国）

76. 哈德逊 J_1 重型蒸汽机车。1944 年美国艾高机车公司制造，机车及煤水车全长 36 830 毫米，机车及煤水车总重 436 吨，动轮直径 2 032 毫米，轴式 2—4—2。最大速度每小时 160 公里。

这种机车比“太平洋”机车的动力更强劲，它替代了“太平洋”机车，开始在纽约中央铁路牵引“帝国高级快车”这样的快速列车。

哈德逊 J_1 型机车总共生产了 225 辆。

77. D_{51}型蒸汽机车（日本）

77. D_{51}型蒸汽机车在日本称之为DT_{650}型蒸汽机车，1936年开始制造。这种机车最大的特点是它很早就安装了机车挡烟板，改善了机车司机的工作条件，便于瞭望。这种带有挡烟板的机车在当时还是很少见的。到了20世纪50年代在中国东北的长春、四平仍有两台D_{51}型蒸汽机车在行驶。

78. MT_1型货运蒸汽机车（日本）

78. MT_1 型货运蒸汽机车。1936 年日本川崎、日立机车工厂制造，用于满铁，这是侵华日军为从大连向长春快速运输鲜鱼等海产品，并为长春向大连方向的重载货物列车提供牵引力而设计的一种速度高、黏着重量大的货运机车。MT_1 型货运蒸汽机车在机车锅炉外部用金属板包装整流，使其最大限度地减少行驶阻力，并在机车前部装有挡烟板，改善了司机的瞭望条件。机车内部有加煤机和给水预热器，提高了机车的工作效率。MT_1 型货运蒸汽机车的最大速度超过每小时 100 公里。1990 年该型机车退役。

79. J型客运蒸汽机车（美国）

79. J 型客运蒸汽机车，1941 年美国制造。机车及煤水车全长 30 759 毫米，机车及煤水车总重 396 吨，动轮直径 1 778 毫米，轴式 2—4—2。最大速度每小时 144 公里。

这种机车主要在诺福克西部铁路上运输矿石，并不以客运为主。

到 1959 年 J 型机车退役时，有的 J 型机车的行驶里程已经超过了 322 万公里。

80. DK_5型蒸汽机车（美国）

80. DK_5 型蒸汽机车的原设计是美国的鲍尔温机车厂，后来授权德国和日本制造。因此在中国铁路上的 DK_5 型蒸汽机车中既有美国的鲍尔温机车厂的，也有日本和德国制造的。1937 年中国进口的 DK_5 型蒸汽机车主要用于东北铁路的客货运输，因为这种机车的耐寒性很好，在大多数情况下 DK_5 以牵引货运列车为主。DK_5 型蒸汽机车的机车及煤水车全长 21 830 毫米，机车及煤水车总重 155 吨，动轮直径 1320 毫米，轴式 1—5—0。DK_5 型 250 号蒸汽机车现陈列在沈阳蒸汽机车博物馆。

81. SL_8型客运蒸汽机车（日本）

81. SL_8 型蒸汽机车是 1937 年日本日立制作所生产的一种客运机车，SL_8 型蒸汽机车采用当时并不多见的流线型设计，减少了风阻系数，是当时的快速蒸汽机车。SL_8 型蒸汽机车曾牵引“亚细亚号”旅客列车，将大连沈阳间的运行时间，由 6 小时缩短到 4 小时。

早期的 SL_8 型蒸汽机车由日本国内生产零部件，运到在中国的满铁工厂进行组装。SL_8 型的机车及煤水车全长 24 705 毫米，机车及煤水车总重 199.91 吨，动轮直径 1 850 毫米，轴式 2—3—1。

82. 高速客运蒸汽机车（美国）

82. 高速客运蒸汽机车。1938 年制造的高速客运蒸汽机车。机车及煤水车全长 31 033 毫米，机车及煤水车总重 359 吨，载煤 22.7 吨，载水 75.5 立方米。锅炉压力每平方厘米 21 千克力（约 2.1×10^6 帕），黏着重量 98 吨，动轮直径 2 134 毫米，轴式 2—4—1。

83. “绿头鸭”高速蒸汽机车（英国）

83.“绿头鸭”高速蒸汽机车是由尼加尔·格莱斯利设计的高速客运机车。1938 年 7 月 3 日在英国伦敦至英国东北部的一条铁路线上，编号为 4468 的“绿头鸭”高速蒸汽机车以每小时 202.8 公里的最高速度创造了蒸汽机车速度的世界记录。“绿头鸭”高速蒸汽机车及煤水车全长 21.6 米，机车宽 2.7 米，机车高 3.98 米，机车及煤水车总重 67.06 吨，动轮直径 2 032 毫米，轴式 2—3—1。“绿头鸭”高速蒸汽机车现保存在英国国家铁道博物馆。

84. CNCB型客运蒸汽机车（比利时）

84. CNCB 型客运蒸汽机车。比利时考克瑞工厂 1939 年制造，此机车呈流线型，机车及煤水车总重 89.5 吨，机车及煤水车全长 21.19 米，动轮直径 2 100 毫米，轴式 2—2—1。

该车主要用来牵引城际列车，属于轻型高速机车。该型机车原设计并没有煤水车，在其上线工作时，它的煤水车是从其他机车借来的。

考克瑞工厂总共生产了 6 辆这种机车，1960 年全部退役。

85. “公爵夫人”型客运蒸汽机车（英国）

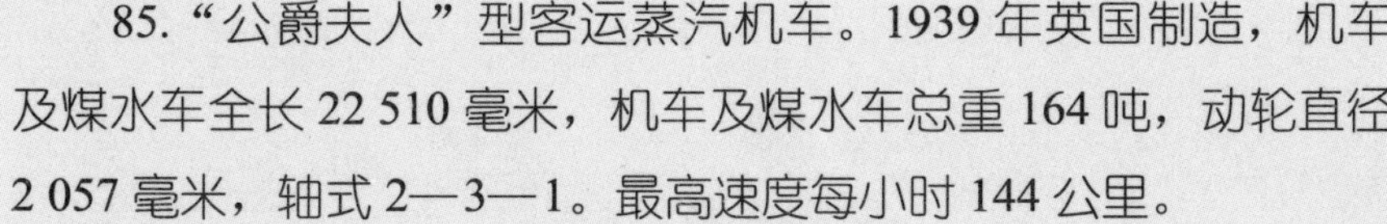

85.“公爵夫人”型客运蒸汽机车。1939 年英国制造，机车及煤水车全长 22 510 毫米，机车及煤水车总重 164 吨，动轮直径 2 057 毫米，轴式 2—3—1。最高速度每小时 144 公里。

86. JF_9型蒸汽机车（日本）

86. JF9 型蒸汽机车，1940 年日本制造。在日军侵华期间，主要用于中国华中地区，担当调车机车及小运转机车等。JF_9 型蒸汽机车及煤水车全长 22 119 毫米，机车及煤水车总重 151.76 吨，动轮直径 1 450 毫米，轴式 1—4—1。该机车的特点是主动轮的均重铁很大，几乎占了车轮面积的一半。

87. J改进型客运蒸汽机车（美国）

87. J 改进型客运蒸汽机车。美国 1941 年制造，机车及煤水车全长 30 750 毫米，机车及煤水车总重 396 吨，动轮直径 1 778 毫米，轴式 2—4—2。车前的排障器主要为铲除积雪而设计。

图中这台机车在牵引 15 节车厢组成的列车时能以 145 公里的时速行驶。现该型号 611 号机车保存美国在弗吉尼亚州罗阿诺克火车站。1993 年它还曾在罗阿诺克附近进行过一次特别之旅。

88. SL_{12}型客运蒸汽机车（日本）

88. SL_{12} 型客运蒸汽机车。1942 年日本制造，曾在中国的沪杭、沪宁线使用。在 20 世纪 40 年代属于快速客运蒸汽机车，机车及煤水车全长 22 052 毫米，机车及煤水车总重 162.1 吨，动轮直径 1 750 毫米，轴式 2—3—1。构造速度每小时 100 公里。1990 年该型号机车退役。

89. T_1型四缸复胀式客运蒸汽机车（美国）

89. T_1 型四缸复胀式客运蒸汽机车。1942 年美国制造，四缸复胀式蒸汽机车及煤水车全长 37 440 毫米，机车及煤水车总重 432.7 吨，动轮直径 2 032 毫米，轴式 2—2+2—2。最大速度每小时 160 公里。

90. “马尔科姆·巴克利—哈威号”520型客运蒸汽机车（澳大利亚）

90. “马尔科姆·巴克利—哈威号”520 型客运蒸汽机车。1943 年伊斯灵顿工厂制造。机车及煤水车全长 26 622 毫米，机车及煤水车总重 204 吨，动轮直径 1676 毫米，轴式 2—4—2。最大速度每小时 140 公里。

它鲨鱼嘴一样的造型是 20 世纪 40 年代初期的流行样式。从中也可看出美国机车设计对澳大利亚机车的影响。

该车是客货两用机车，轨距 1 600 毫米，此种机车总共生产了 12 台，20 世纪 60 年代退役，仅有 2 台留存至今。

91. 南方铁路客运蒸汽机车（英国）

91. 英国南方铁路客运蒸汽机车，1946 年生产。机车及煤水车全长 20.54 米，机车及煤水车总重 138 吨，轴式 2—3—4。

92. “242A·1”型客运蒸汽机车（法国）

92.“242A·1”型 客运蒸汽机车。法国法夫一里尔工厂 1946 年生产，机车及煤水车全长 17.76 米，机车及煤水车总重 225 吨，轴式 2—4—2，动轮直径 1 950 毫米。

该车从静止加速到时速 100 公里，只需走行 10.9 公里的距离，当它加速到时速 120 公里时，汽缸可产生 3 730 千瓦的功率。而在节约燃料方面，它更是远远优于英国和美国的同类机车。

1960 年“242A·1”型机车停运退出现役。。

93. “毛泽东号”解放型蒸汽机车（原型车日本）

93.“毛泽东号”解放型蒸汽机车。

94. “毛泽东号”仿建设型蒸汽机车（原型车日本）

94.“毛泽东号”仿建设型蒸汽机车。

95. “朱德号”仿建设型蒸汽机车（原型车日本）

95. “朱德号”仿建设型蒸汽机车。

96. 退役时的“朱德号”蒸汽机车（原型车日本）

96. 退役时的“朱德号”蒸汽机车。1946 年 7 月到 10 月间，哈尔滨机务段职工为支援伟大的解放战争，在“死机复活”运动中，把日本投降时扔在肇东车站的“MK_1 型 304 号”和“MK_1 型 1083 号”机车“死机”拉回段内。经过日夜抢修，终于使两台“死机”复活。经当时中共东北局的批准，在当年的 10 月 30 日，将这两台机车分别命名为“毛泽东号”和“朱德号”，“毛泽东号”机车组奉命到丰台机务段传播经验时，留在了丰台机务段，而“朱德号”则随军参加了解放战争。

97. 退役时的“毛泽东号”蒸汽机车（原型车日本）

97. 退役时的“毛泽东号”蒸汽机车。这台机车的原型是日本在大连沙河口工厂生产的“MK_1”型蒸汽机车，车号为 304 号，于 1941 年出厂。最初隶属于哈尔滨机务段，后随中国人民解放军进关，参加了解放全中国的解放战争。1949 年，进入北京后落户在北京丰台机务段，编入原北京铁路分局的机车序列。

“毛泽东号”蒸汽机车及煤水车全长 22 634 毫米，机车及煤水车总重 92.07 吨，轴式 1—4—1，动轮直径 1 500 毫米。构造速度每小时 80 公里。

98. KD_7型蒸汽机车（美国）

98. KD_7 型蒸汽机车诞生于 20 世纪 40 年代，1946 年美国利玛机车工厂制造。当年第一批一共生产了 16 台。1947 年联合国把这批 KD_7 型蒸汽机车作为救援物资捐赠给了中国。由于 KD_7 型蒸汽机车是应对战争而设计的，所以比通常的蒸汽机车性能先进，同时对环境的适应性也很强。KD_7 型蒸汽机车的一些部件在 20 世纪 50 年代被确定为中国新造机车和改造旧机车的标准。

KD_7 型蒸汽机车也被称为“团结型”、“巩固型”，这种机车的原设计是以重油作为燃料的，为适应中国以煤为燃料的情况，美国利玛机车工厂对机车进行了改造。

KD_7 型蒸汽机车及煤水车全长 20 370 毫米，机车及煤水车总重 151.83 吨，动轮直径 1 520 毫米，构造速度 90 公里。美国利玛机车工厂曾从中国购回一台 KD_7 型蒸汽机车收藏。

99. “232U—1”型客运蒸汽机车(法国)

99. “232U—1”型客运蒸汽机车，法国 1949 年制造，用于法国巴黎至里昂间的快速旅客列车的牵引任务。机车全长 26.63 米，机车及煤水车总重 212 吨，轴式 2—3—2, 动轮直径 1 999 毫米。

该型机车有单胀式和复胀式两种，在巴黎至里昂间列车载重 576 吨的情况下能跑出 114.25 公里的时速。

法国目前还有此类型机车存放。

100. GMA加来特型活节式蒸汽机车(英国)

100. GMA 加来特型活节式蒸汽机车。1954 年由北部英国机车公司生产，后由南非贝耶皮考克公司生产，此型机车为四缸机车，中间以活节相联结，可以通过小曲线的线路。加来特活节式蒸汽机车的装水量比较大，适合在缺水地区使用。在非洲的一些国家使用比较广泛。

该车可装煤 14.2 吨，储水 2 160 加仑（约 9 820 升），除了煤水车的水柜外，在机车锅炉的前方还设有水柜车，加大了机车的黏着重量。到 1958 年这种机车的保有量达到了 150 多台。

锅炉压力：每平方厘米 14 千克力（约 1.4×10^{6} 帕）；

轴式：2—4—1+1—4—2；

动轮直径：1 370 毫米；

机车总重：256 吨。

101. JF（解放）型蒸汽机车(中国)

101. JF（解放）型蒸汽机车。1952 年 7 月，四方机车车辆工厂试制成功 1 台解放型蒸汽机车，代号“JF”。它的诞生，揭开了我国蒸汽机车制造史上的新篇章。1956 年 10 月，铁道部组织有关单位对 3 台解放型蒸汽机车进行技术改造，解放型干线货运蒸汽机车，曾由四方厂、大连厂和齐齐哈尔厂进行批量生产。直至 1960 年，该型机车停止生产，共计生产了 455 台。

该型机车轴式 1—4—1，整备质量 103.85 吨，黏着重量 79.94 吨，动轴轴重 19.98 吨，构造速度每小时 80 公里，通过最小曲线半径 145 米，最大高度 4 780 毫米，最大宽度 3 080 毫米，机车及煤水车总长 22 634 毫米，煤水车装煤量 14 吨，煤水车装水量 3. 30 立方米。

102. 西班牙客运蒸汽机车(西班牙)

102. 西班牙 1956 年生产的客运蒸汽机车。机车及煤水车全长 26 840 毫米，机车及煤水车总重 213 吨，动轮直径 1 900 毫米，轴式 2—4—2，锅炉压力每平方厘米 16 千克力 (约 1.6×10^6 帕)。

103. SL（胜利）型客运蒸汽机车（中国）

103. SL（胜利）型客运蒸汽机车。1956 年四方机车车辆工厂试制出第一台胜利型客运蒸汽机车，代号“SL”。胜利型蒸汽机车是四方厂于 1956 年制成的客运机车。编号从 601 号开始，到 1959 年停产为止，共计生产了 151 台。胜利型干线客运蒸汽机车投入运用后，使长途直达旅客列车扩大了编组，客车数量由 9 辆增至 13 辆，取得了很好的社会经济效益。

SL（胜利）型轴式 2—3—1，构造速度每小时 110 公里，模数牵引力 165.65 千牛，全长（机车加煤水车）22 618 毫米。

104. “JS-A”（建设）型蒸汽机车(中国)

104. “JS—A”建设型蒸汽机车 A 型，性能数据基本与建设型蒸汽机车相同。建设型到 1966 年停止生产，共制造 258 台。

105. “少奇号”窄轨蒸汽机车(中国)

105.“少奇号”窄轨蒸汽机车在距离伊春市区还有 80 多公里远的五营国家森林公园陈列。“少奇号”蒸汽机车全长 6.98 米，轴式 0—4—0，构造速度每小时 25 公里，轨距 670 毫米。1958 年由石家庄动力机械厂制造。

106. YJ（跃进）型蒸汽机车(中国)

106. YJ（跃进）型蒸汽机车。1958 年济南机车工厂在 PL_2 型机车的基础上，改进后生产出跃进型机车。YJ 型为工矿用蒸汽机车。机车及煤水车全长 18 326 毫米，机车及煤水车总重 76.15 吨，构造速度 60 公里，轴式 1—3—1。该型机车共生产了 202 台。

107. RM（人民）型蒸汽机车（中国）

107. RM（人民）型蒸汽机车。1957 年，大连机车车辆工厂对胜利型机车进行现代化改造，设计了人民型蒸汽机车，代号“RM”，并于 1958 年由四方机车车辆工厂试制生产。该车轴式 2—3—1，动轮直径 1 750 毫米，构造速度每小时 110 公里，全长（机车加煤水车）23 252 毫米，总重 174 吨。

107

108. GJ（工建）型蒸汽机车(中国)

108. GJ（工建）型蒸汽机车 1958 年由成都机车工厂、太原机车工厂制造，用于工矿调车作业。机车总重 54.4 吨，机车全长 9 735 毫米，机车高 3.8 米，机车宽 3.15 米，煤装载量 2.1 吨，水装载量 6.6 立方米，轴式 0—3—0，构造速度 35 公里。该型机车共生产 122 台。

109. ET型林区窄轨蒸汽机车(中国)

109. ET型林区窄轨蒸汽机车。1958年石家庄动力机械厂生产。主要用于地方及林区窄轨铁路的运输，轨距762毫米，机车的基斯尔扁烟筒可以提高机车热效率。机车全长13 830毫米，机车总重42吨，轴式0—4—0，构造速度每小时25公里。

110. XK_{13}型工矿用蒸汽机车(波兰)

110. XK_{13} 型工矿用蒸汽机车，1959 年波兰生产，为地方及工矿企业用小型蒸汽机车。机车总长 9 146 毫米，机车总重 44.4 吨，轴式 0—3—0。

111. 运1118型工矿用蒸汽机车(中国)

111. 运 1118 型工矿用蒸汽机车。1959—1962 年，株洲机车工厂制造，这是一种准轨、窄轨两用机车，机车全长 10 892 毫米，机车空重（准轨）14.82 吨；（窄轨）13.76 吨。机车高 3 341 毫米，机车宽 2 439 毫米。构造速度每小时 25 公里。

112. HP（和平）型蒸汽机车（中国）

112. HP（和平）型蒸汽机车。代号“HP”的和平型，是我国自行设计制造的大功率蒸汽机车。其原型是前苏联的 P 型车，意为“胜利”。在苏联国内生产了 5 200 辆。轴式为 1—5—1，机车与煤水车全长 26 023 毫米（连挂 4 轴煤水车）、29 180 毫米（连挂 6 轴煤水车），机车空重 119.29 吨，构造时速 80 公里。大连机车车辆工厂于 1956 年制造出第一台，1964 年后由大同机车工厂独家生产。1966 年车名改为“反帝”型，1971 年定名为前进型，代号“QJ”，取之自“革命是人类历史前进的火车头”。至 1988 年 12 月停产止，全国共生产包括“和平”、“反帝”、“前进”3 种名称的此种机车 4 714 台（其中 9 台为宽轨），接近全国制造的各种蒸汽机车总数的一半。

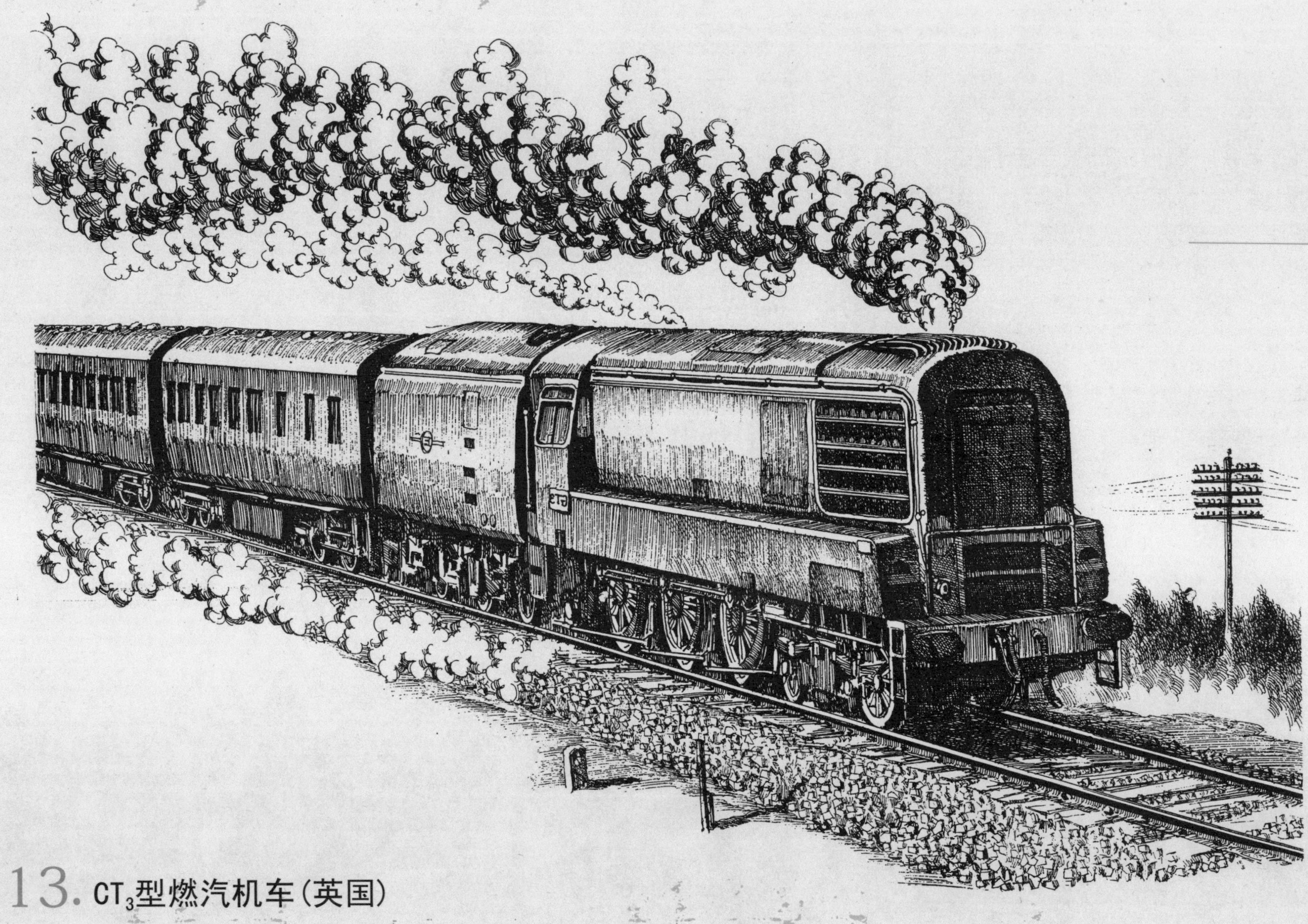

113. CT_3型燃汽机车（英国）

113. CT_3 型燃汽机车，英国 1960 年生产。机车全长 20.73 米，机车总重 125 吨，机车功率 2 075 千瓦，轴重 20.5 吨，轴式 2—3—1，最高速度每小时 144 公里。

114. SY（上游）型工矿用蒸汽机车(中国)

114. SY（上游）型工矿用蒸汽机车。1960 年，唐山机车车辆工厂设计并试制出第一台上游型工矿用蒸汽机车，代号“SY”。由于性能良好，经济适用，结构可靠，受到普遍欢迎，共生产 1 600 多台。机车全长 21 519（21 643）毫米，构造速度每小时 80 公里，轴式 1—4—1。上游型机车还出口到美国作为旅游用车。另外，还为韩国生产了“SY”燃油型蒸汽机车。

115. TJ（团结）型窄轨蒸汽机车（中国）

115. TJ（团结）型窄轨蒸汽机车，1960 年河南开封第二机械厂生产，机车总重 15.43 吨，机车全长 6 980 毫米，轨距 762 毫米，构造速度每小时 25 公里，轴式 0—4—0。

116. ZL（自力）型蒸汽机车（中国）

116. ZL（自力）型蒸汽机车是中国唐山机车车辆厂 1965 年为越南铁路设计生产的米轨货运蒸汽机车。自力型蒸汽机车及煤水车全长 18 977 毫米，机车及煤水车总重 26.15 吨，轴式 1—4—1，构造速度每小时 70 公里。从 1965 年开始至 1975 年为止，中国唐山机车车辆厂共制造自力型蒸汽机车 67 台，全部援助越南。

117. “红魔型”蒸汽机车(南非)

117. “Red Devil”红魔型蒸汽机车，南非盐河机车厂 1981 年生产。机车及煤水车全长 32220 毫米，机车及煤水车总重 234 吨，动轮直径 1542 毫米。轴式 2—4—2。

该车由阿根廷机车工程师 L·D 波尔特设计。他发明了新的煤炭燃烧技术，“燃气发生炉”，自洁烟箱等一系列先进技术。“红魔”机车以每小时 74 公里行驶时，它的动力为 2 823 千瓦。

1992 年南非的蒸汽机车退役，“红魔”机车被保留了下来，至今仍处于工作状态。

118. JS（建设）型蒸汽机车（中国）

118. JS（建设）型蒸汽机车为干线货运、调车及小运转用机车，是大连机车厂在已经初步改造的解放型蒸汽机车的基础上改造设计成的。1957 年 7 月制造成功第一台机车，并于同年 9 月投入批量生产。其后戚墅堰厂也开始批量生产这种机车。至 1965 年大连和戚墅堰两厂共生产 1 071 台。

119. QJ(前进)型（四轴煤水车）蒸汽机车(中国)

119. QJ 前进型（四轴煤水车）蒸汽机车。1956 年 9 月，中国自己设计的第一台蒸汽机车终于试制成功。当时定名为“和平”型，“文化大革命”期间改为“反帝”型，后又改为“前进”型，代号“QJ”。该车轴式 1—5—1，构造速度每小时 80 公里，全长（机车加煤水车）29 180 毫米。煤水车装煤量 17 吨，煤水车装水量 35 立方米。

前进型首台生产年份 1957 年，到 1988 年停止生产，共制造 4 708 台，是中国货运主型蒸汽机车。2005 年 12 月 21 日，中国的最后一台蒸汽机车——前进型“7207”号蒸汽机车在中国内蒙古的集通铁路退出运营，标志着中国从此结束了蒸汽时代。

120. QJ(前进)型改进型蒸汽机车(中国)

120. “QJ”前进型（六轴煤水车）改进型蒸汽机车。

附 录

世界蒸汽机车简史

1710 年法国物理学家邓尼斯潘平制造了一艘以蒸汽机驱动的船。

1769 年，古诺在尼古拉蒸汽车的基础上制成他设想中用以牵引大炮的蒸汽动力车。

1804 年 2 月 29 日，世界上第一台真正行驶在轨道上的蒸汽机车——“新城堡号”蒸汽机车进行运行试验。由英国发明家理查德 · 特里维西克设计制造。

1814 年 7 月英国 G · 斯蒂芬森造出世界上第一台真正实用的“半统靴号”蒸汽机车，自重 6.5 吨，可牵引 30 吨货物车辆，动轮直径 4 英尺（合 1219 毫米），轨距 4 英尺 8.5 英寸（合 1435 毫米），通过试车首次获得成功。这是世界上首台实用的在轨道上行驶的蒸汽机车。

1825 年 9 月 27 日，世界第一条标准铁路——达林顿铁路正式通车，G · 斯蒂芬森亲自驾驶一台被称为“运动 1 号”的蒸汽机车，以时速 24 公里、牵引着 32 节车厢，开出了世界上第一列旅客列车并驶完全程，开创了铁路运输的新纪元。

1830 年 R · 斯蒂芬森制造出“行星”号新型蒸汽机车。“行星”号蒸汽机车首次将卧式锅炉的内外火箱和烟箱制成一整体，这种形式的锅炉后称为机车式锅炉。

1863 年世界上第一条地下铁路在英国伦敦开通，被称做“都市地铁”，长约 6 公里，这是蒸汽机车第一次牵引地铁列车。

1934 年英国的“苏格兰飞人”蒸汽机车牵引从伦敦到爱丁堡的直达旅客列车，中途不停，以每小时 160 公里的速度打破世界蒸汽机车的速度记录，驶完全程 632 公里的距离，是当时蒸汽机车一次行驶最长的直达距离。

1936 年德国 DR_{05} 型“001”号蒸汽机车，以每小时 199 公里的速度超过“苏格兰飞人”。

1938 年英国人新造的“野鸭号”蒸汽机车以惊人的 202.8 公里的最高时速，创造了新的世界记录。

1946 年美国的“大机器号”蒸汽机车为了弥补一次晚点，曾把机车速度开到每小时 226 公里。

20 世纪 40 年代蒸汽机车的发展到了鼎盛时期，蒸汽机车的重量和体积越来越大。

1942 年美国最著名的蒸汽机车是“合众国太平洋铁路”上行驶的“大男孩”蒸汽机车，它比普通的蒸汽机车要长出两倍，重达 540 多吨。它可以牵引 100 多节货车车厢以 110 公里的时速行驶。被称做“机车王”的另一种美国蒸汽机车有多达 6 个汽缸，24 个大驱动轮，机车功率达到 6000 马力（约 4413 千瓦），最高时速 190 公里。

现存尚能开动的最古老的蒸汽机车是陈列在美国华盛顿博物馆中的“约翰牛号”蒸汽机车，1831 年9 月15 日试车运行，1860 年停止使用。1981 年9 月15 日它又被重新点火开上轨道，以纪念150 年前的首次运行。

中国蒸汽机车简史

1865 年北京宣武门外，英国商人杜兰德铺设了500 米长的一段铁轨，有人称它为“广告铁路”，用一台英国制造的0—2—0 轴式的小型蒸汽机车在上面往复行驶。这是有史以来第一次在中国出现的蒸汽机车。

1876 年（清朝光绪二年）英国“先导号”蒸汽机车进入中国，落户在上海。这是中国土地上运用最早的蒸汽机车。

1880 年在建设唐胥铁路期间，开平矿务局胥各庄修车厂的工人利用煤矿锅驼机的锅炉和一些旧钢材装配成一台0—1—1 轴式的机车。

1882 年10 月为唐胥铁路施工从英国进口了两台蒸汽机车，一台0—2—0 轴式SA 型机车，被称作“0”号机车。

1891 年台湾省从德国进口了两台轴式为0—2—0 的蒸汽机车，用于台湾岛内台北至基隆的铁路运营。清政府给这两台机车分别命名为“腾云号”和“御风号”。

1900 年唐山机车厂根据美英等国的蒸汽机车设计图纸，利用国外的零部件，开始组装MG 型蒸汽机车，1900 年内一共组装成6 台，这是中国铁路第一次成批组装蒸汽机车。1906 年法比公司制造的“RoMPES ”型8 缸复胀式蒸汽机车，出现在京汉铁路武胜关大坡道区段。这是中国铁路第一次使用大型复胀式蒸汽机车。

1933年中国工程师应尚才设计出KF —1 型蒸汽机车，又称“联盟型”(Confederation) 蒸汽机车，1934 年在英国开工制造，KF—1 型机车当时是很先进的机车，在世界上也处于领先位置，能跑出每小时110 公里的速度。

1952 年12 月青岛四方机车车辆厂在美国“天皇式”货运蒸汽机车的基础上仿制成功第一台解放型蒸汽机车。

1956 年试制成功了胜利型和人民型机车。

1956 年9 月18 日大连机车车辆工厂制造出第一台“和平型”蒸汽机车，这是中国自行设计制造的首台大功率干线蒸汽机车。

1958 年中国铁道科学院研制出一台用蒸汽发电驱动的“飞龙号”涡轮蒸汽机车。

1962 年大同机车厂经过2 年时间的改进，试制成功“和平型”101 号蒸汽机车，又称“新和平”，后改为“前进”101 型。

1988 年12 月21 日中国唯一生产大功率干线蒸汽机车的大同机车厂制造的最后一台“前进”7207 号蒸汽机车出厂后，停止了蒸汽机车的制造。

2005 年12 月9 日中国内蒙古大板机务段前进型QJ —1514 号蒸汽机车正式退出国家铁路。这标志着中国铁路告别了蒸汽机车时代。

索 引

奥地利

澳大利亚

比利时

波兰

德国

法国

墨西哥

南非

前苏联

日本